新时期高校财务管理问题研究

曹 晶 著

辽宁科学技术出版社

·沈 阳·

图书在版编目（CIP）数据

新时期高校财务管理问题研究 / 曹晶著 . — 沈阳：辽宁科学技术出版社，2022.12（2024.6 重印）

ISBN 978-7-5591-2830-0

Ⅰ . ①新… Ⅱ . ①曹… Ⅲ . ①高等学校—财务管理—研究—中国 Ⅳ . ①G647.5

中国版本图书馆 CIP 数据核字（2022）第 230455 号

出版发行：辽宁科学技术出版社

（地址：沈阳市和平区十一纬路 25 号 邮编：110003）

印 刷 者：沈阳丰泽彩色包装印刷有限公司

经 销 者：各地新华书店

幅面尺寸：170mm × 240mm

印 张：12.25

字 数：210 千字

出版时间：2022 年 12 月第 1 版

印刷时间：2024 年 6 月第 2 次印刷

责任编辑：吕焕亮

封面设计：盼 盼

责任校对：栗 勇

书 号：ISBN 978-7-5591-2830-0

定 价：50.00 元

前 言

自20世纪末以来，我国的高等教育进入蓬勃发展阶段，高校学生人数、校园规模急剧扩张，实现了跨越式发展。随着高等教育改革的深化，高校法人地位的确立，高校的办学模式从单纯依靠国家财政拨款转变为多渠道筹资。特别是近年来，随着高等教育财政体制改革的不断深化，高校的内外部环境发生了深刻变化，经济活动日益复杂，高校作为独立主体，可以支配的经费越来越多，财务权力也越来越大，但是高校财务管理在拨款体制、成本管理、债务管理等方面仍然存在一些问题。高校改建、扩建引起的负债对学校财务管理和融资造成困扰，办学成本测算缺乏规范，财务控制制度不健全，这些问题已经严重制约了高校的经济发展。因此，高校财务管理必须适应新形势的发展要求，建立健全的财务内控制度，加强对高校财务风险的防范与控制，创新成本管理方法，从而更好地为学校教学科研和广大师生服务。

本书从基础出发，第一章绪论就高校财务管理的基本概念进行了阐述。第二章对高校的财政支出控制进行了详尽的阐述。第三章重点对高校财政管理和财政控制做了说明。第四章就如何建立高校的财政制度管理体系分门别类地做了阐述。第五章就目前高校财务遇到的困境以及解决措施做了一系列阐述。第六章就高校财务管理所遇到的新问题做了说明，并提出了高校财务管理对未来的展望。

总之，知识经济的变革，使得高校财务管理工作要在做好传统的记账、算账、报账等工作的同时，做好学校财务预测、控制、分析和管理等各项工作，把工作重点转移到以提高资金使用效率、开拓资金来源、提高办学效益上来，保证和促进教学科研工作的顺利发展，因此研究新时期高校财务管理问题具有非常重要的实际意义。

由于作者水平有限，书中不足之处，恳请读者批评指正。

目　录

第一章　绪　论

随着我国高等教育财政体制改革和外部理财环境的变化，高校财务管理成为高校工作的一个重点内容，尤其是在高校越来越多地参与社会经济活动的情况下，加强高校财务管理的科学性、有效性已经成为一个重要课题。而从整体上把握高校财务管理，是更好地开展高校财务管理活动的基础。

第一节　高校财务管理的背景

一、我国高等教育财政政策概况

研究高校财务管理问题就需要了解我国高等教育的财政政策情况，这是高校财务管理的政策支持，是其改革和发展的重要背景。在复杂的经济环境下，掌握财政政策是高校开展科学财务管理的基本前提。

（一）我国高等教育的财政来源

我国的高等教育财政体制与行政管理体制和财政管理体制之间具有紧密联系。需要注意的是，这里所说的高等教育行政管理体制是指宏观意义上的管理体制，也就是说不包括学校内部的管理体制。高等教育的财政管理体制强调事权与财权的有机统一，在高等教育财政管理中发挥着重要作用。从国家管理的高度来看，国家行政管理体制中包含了高等教育管理体制，并且该体制随着我国社会发展不断更新和改革，在中华人民共和国成立后，我国高等教育管理体制先后经历了条块分割和两级管理、以省为主两个发展阶段。

中华人民共和国成立后，我国开始实行计划经济体制，这是由中央统一管理的高度集中的经济体制，针对不同行业中央设立了很多管理部门。基于该项经济体制，为了加强人才培养，各管理部门专门设立了为本部门输送人才的高校，如交通大学和铁道学院就是原铁道部为了培养专业人才设立的高校，这些高校会根据行业发展的实际需要培养相应的人才。地方政府按照属地原则管理本地高校，同时还需要适应当地发展需要适当地在本地开设高校。可以看出，在这样的管理体制下，我国当时的高等教育由中央直接经办和垄断，从整体上看，中央各部门所属和地方所属的高校并存，中央各部门和地方政府按照规定对自己管理范围内的高校进行管理。我们将中央各部门所属的高校称作“条”，将地方所属的高校称作“块”，所以该时期是高校管理的条块分割时期。在当时这种管理体制下，管理者负责自己管辖的高校的投资事项，并且不向学生收取学费，同时还需要为困难学生提供较大数额的助学金，以此维持贫困学生的基本学习和生活。教育经费列入国家预算，对高校进行统一领导，由中央、省（直辖市、自治区）、市、县分级管理，可以看出这个时期的高校财政来源单一；在大学生毕业后通常也会直接进入“对口行业”或者在相应地区开始工作，就业选择比较少。同时，高校会向自己的主管部门提出科研计划，从主管部门获得科研经费开展相应的科学研究。

由于当时我国实行的是计划经济体制，而条块分割的高等教育管理体制可以适应这种经济体制，这就决定了我国高等教育当时必须实行条块分割的高等教育管理体制。一方面，在这种高等教育管理体制下，高校可以为各行业和地区输送大量高素质人才，开展具有针对性的科学研究，有效地推动各个行业和地区的发展；另一方面，这种管理体制存在显著缺陷，高校严重缺乏办学自主性，而这就导致了高等教育经常出现部门分割、重复建设和效益低下等问题。之后我国逐渐建立了社会主义市场经济体制，在这种体制下条块分割的高等教育管理体制明显无法适应，这就导致我国高等教育管理体制必须做出改变，改革势在必行。

1. 两级管理、以省为主时期

随着社会的进步，我国各个行业和领域都发生了变化，高等教育领域也不例外。根据《中华人民共和国教育法》《国务院关于〈中国教育改革与发展纲要〉的实施意见》《中华人民共和国高等教育法》以及《中共中央国务院关于深化教育改革，全面推进素质教育的决定》等法律、法规和文件的精神，我国自1993年开始对高等教育管理体制进行改革，并将“共建、调整、合作、合并”作为体制改革的主要方式，我国实行高等教育管理体制改革是为了实现“由中央和省两级管理，以省统筹为主”的管理目标，管理体制改革的关键在于高校的重新布局、结构重组、中央与地方的职责分工、政府与高校关系重铸等，这些问题都会对我国高等教育发展造成重要影响，由于人才对社会具有重要意义，高等教育管理体制的改革也直接涉及社会的进步和发展。

我国高等教育财政经过了改革与调整后，除中央所属高校外，形成了中央和省级人民政府两级管理，以省级人民政府管理为主的新体制。在新体制下，省级政府对全省高等教育进行统一管理，针对高等教育的规模、结构、布局等进行宏观调控和管理，从而实现更合理的教育资源配置。继 1993 年的高等教育管理体制改革，2000 年我国再次对高等教育管理体制进行改革，并且这是 1993 年以来改革力度最大、调整学校最多的一次改革调整活动。在此次改革中，通过高校合并的方式减少了高校数量，对于一些省份高校重复单科性学校过多、办学规模效益低的状况进行改善，同时对当时的高校布局结构进行了适当调整。自此以后，我国高校管理体制仍然随着社会发展不断改革和调整，管理体制日益完善，高校布局日趋合理，很多高校办学中存在的显著问题被解决，同时还充分调动各地政府的办学积极性，推动教育资源的优化配置，扩大办学规模，提高高等教育的质量和效益，同时，还提高了高校办学的自主权，在这样的环境下我国高等教育不断发展并持续改革。高等教育两级管理制度是以省为主的管理体制，这种管理体制主要有两个特点：第一，高校管理由政府主导；第二，遵循事权与财权相统一的原则，高等教育财政资源配置位置中心下移，这是指省级政府在保障和促进高等教育发展方面相较以前承担更多的财政责任。

实际上，我国财政管理体制可以从某些方面影响高等教育的财政管理体制。1994 年我国开始实行中央和地方的财政分税制，这种制度有效地实现了财政分权，具体来说就是通过明确政府间的职责、硬化地方财政的预算约束的方式，更好地管理国家财政。实行财政分权，实际上就是明确划分中央政府和地方政府的职责和权力，通过这种方式改善信息不对称的问题，以此有效促进资源更优配置，实现社会福利最大化。通过建立分税制的财政分权体制，可以有效调动地方政府加大教育投资的积极性，这就可以为我国高等教育的健康发展提供重要条件。同时，我国近年来十分重视教育投资和建设，各省级政府为了响应中央的号召确实在实践中优先发展，2003—2005 年，地方政府的教育投资不断增加，并且教育财政支出在总财政支出中所占比例也始终居于首位，由此可以看出新制度对高等教育发展的推动作用。

2. 教育成本分担时期

随着社会的进步，政府越来越重视教育，各级政府加大对教育行业的投资，我国高等教育在这样的背景下获得了越来越丰富的财政来源。发生这种变化是中国社会发展的必然结果，教育成本分担机制与我国多种所有制经济共同发展的经济体制相适应，同时这也是国民收入分配格局变化、政府财政收入在国民生产总值中的比例减少以及家庭和企业所占的份额相对增加引起的必然结果。随着我国社会的发展和变革，高等教育财政来源越来越丰富，除了政府财政投入外，还有事业收入、上级补助收入、附属单位上缴收入、经营收入和其他收入。

讨论高等教育财政来源多样化就需要研究教育成本分担，教育成本分担改变了传统的教育财政来源结构，社会各界逐渐成为高等教育财政分担主体，也就是将“谁受益谁负担”的市场经济原则作为基础依据，确定不同主体在教育成本方面承担的责任，从而构建学校、政府、家庭和社会各方共同参与的教育成本分担结构。高等教育的个人收益率高于社会收益率，即使社会经济不断发展，办学规模不断扩大，相较于高等教育收益率来说，个人收益率下降得也比较缓慢。除了在个人效益方面的体现外，高等教育还可以为人们带来更高的社会地位、良好的健康状况等。美国教育经济学家布鲁斯·约翰斯通提出的高等教育成本分担理论则为高等教育成本分担提供了理论基础。随着我国社会主义市场经济的不断发展，学生（家庭）在高等教育成本分担中所占比例不断增加，当前学生（家庭）已经成为仅次于政府财政的主要高等教育财政来源。为了适应社会发展，我国自 1994 年开始实行高校招生“并轨”，也就是取消公费生、自费生的划分，而是对学生统一收费。1996 年，我国政府规定高等教育学杂费水平不超过当年教育培养成本的 25 %。随着高等教育的发展，高等教育学费收入不断提高，到 2005 年，中国普通高校学费收入已占其总收入的 34.64 %，这表明我国高等教育学费收入已经成为高校的最主要财政来源之一。

从实践中可以看出，中国高等教育的成本分担政策有效地促进了我国高等教育的健康持续发展，尤其是在财政紧缩情况下起到了重要作用，但在这样的政策下，个人需要承担的教育成本较高。因此，对高等教育进行科学管理，必须处理好个人成本分担与高等教育发展之间的关系，这是促进我国高等教育发展的关键。

（二）我国高等教育的财政拨款体制

对于高校财务管理来说，高等教育财政支出体制也具有重要意义。在高等教育财政保障体制责任划分明确的条件下，相关管理部门为了保障高等教育事业的健康稳定发展，在高等教育的各个环节投入人力、物力和财力，并且保证这种教育资源的分配与使用是以提高资源利用效率为目的的，实际上，财政拨款模式是高等教育财政支出体制的核心。具体来说，宏观支出和微观支出都包含在高等教育财政支出中，这是一个综合概念。

1. 我国高等教育财政投入体制变革

中华人民共和国成立后，我国开始实行高度集中的计划经济体制，在这样的经济体制下，我国高等教育经费投入显现出集中管理特征，也就是由高等教育的举办者负责筹措和管理经费。之后，随着改革开放我国高等教育经费投入体制发生改变，逐渐形成了多元化的高等教育财政投入体制。20 世纪末，中央和省级政府两级管理，以省级政府管理为主的高等教育管理体制基本形成。

（1）统一财政分级管理阶段。

1949—1979 年，我国实行计划经济体制。对于高等教育领域来说，当时一小部分高校由地方政府直接领导，剩下大部分高校则由中央各部委领导和管理。从总体上来看，我国高等教育财政投入体制在该时期大致经历了以下 4 个发展阶段。

第一阶段为统收、统支阶段。在该发展阶段，教育经费由中央、大行政区和省进行三级管理，实行统包制度，中央政府和地方政府根据高校的管理关系对办学经费进行分别安排。

第二阶段为统一领导、分级管理阶段。在该发展阶段，全国财政划分为中央、省和县（市）三级财政管理。国家预算包括教育经费这个项目，国家对教育经费进行统一领导，地方需要向中央申报教育经费需求，由中央权衡后进行经费划拨。

第三阶段为条块结合、以块为主阶段。各级人民政府财政部门在编制经费预算和核定下级经费预算时与同级教育部门协商拟订，在下达经费预算时将教育经费单列。

第四阶段为财政单列、“戴帽”下达阶段。也就是说，上级部门按照指标直接向下级部门分配对应的教育经费。

（2）分级财政分级管理阶段。

我国财政管理体制自1980年开始发生了本质改变，1980年前的调整与改革都是以财政统一管理为基准的，而1980年之后，我国从统一财政分级管理体制转变为分级财政分级管理体制，这种转变意味着中央对财政管理施行了分权，我国财政体制转变为中央和地方分级管理。在这种财政体制下，只有教育部所属高校的经费仍然由中央政府直接负责，其他高校的教育经费全部由各省级政府负责。在这样的财政制度下，可以秉承事权与财权相统一的原则，实现高等教育财政资源配置下移，也就是更多地发挥省级政府在促进高等教育发展方面的财政作用，减轻中央财政负担。在该时期，我国高等教育的财政投入体制发展大致上经历了以下两个阶段。

第一阶段为财政切块、分级负责阶段。中央财政和地方财政在该时期对高校教育经费进行切块安排、分级负责。

第二阶段为分税制阶段。1994年开始，我国正式实行分税制，该税制的基本特征在于明确划分了中央收入和支出与地方收入和支出，并且明确了各级政府在教育投资方面的具体职责。该制度强调，各级政府都应该按照实际情况在教育投资方面承担一定的责任和义务。这种制度有效地推动了我国高等教育的健康、稳定、持续、快速发展。

2. 中国高等教育财政拨款模式变革

（1）“基数＋发展”拨款模式。

我国高等教育财政拨款最初采用的是“基数＋发展”的拨款模式，这种财政拨付模式遵循定员定额原则。具体来说，就是财政拨款会以机构规模、事业需要等实际情况确定具体的人员编制、房屋和设备标准等，这种拨款模式将上一年的经费所得作为当年的拨款基数，从而以此为基础合理分配当年的教育经费。需要注意的是，这种经费分配方式是将上年的支出结果作为依据的，而并没有进行合理的成本分析，这就可能造成经费分配不合理现象的发生，即单位成本越高的学校获得经费越多，这对于高校开展科学的成本控制造成了阻碍，同时还不利于高校提高经费的使用效率。

（2）“综合定额＋专项补助”拨款模式。

我国为了适应社会发展，推进高等教育健康发展，于1986年推行高等教育财政拨款模式改革，明确了高等教育财政拨款采取“综合定额＋专项补助”

模式。1986 年 10 月我国出台了《高校财务管理改革实施办法》，明确规定了我国高等教育经费预算核定办法。高校年度教育事业经费预算由主管部门负责核定，需要根据教育种类、学生实际需要及高校所在地实际情况，参考国家实际财力情况进行核定，这种办法称为“综合定额 + 专项补助”的核定办法。属于地方政府管理的高校采取相似的财政拨款标准公式。具体来说，需要充分参考标准普通本、专科生人数，同时引进为主要拨款依据，并引进生师比、生均教学行政用房、生均教学科研仪器设备值、生均图书、具有研究生学位教师占专任教师的比例，这几个体现基本办学条件要求的调控参数，核定财政拨款，充分利用资金实现扩大学校规模、改善办学条件、提高办学质量的目标。

这种财政拨款模式基于平摊思维，也就是将维持高校正常运营的支出平均分摊到每个学生身上，以学生在校人数为基准拨付相应的财政补助金。“综合定额 + 专项补助”拨款模式是对“基数 + 发展”模式的一种升级和发展，更好地体现了公式拨款法的优点。该教育经费拨款模式以对高校的初步成本分析作为基础，可以更好地反映高校成本运行规律，以此可以有效提升高校财务运作的透明性和公正性。不可否认的是，这种模式在实施过程中还存在很多问题，主要包括以下两点内容。

第一，“综合定额 + 专项补助”拨款模式仅将高校的招生人数作为其拨款基准，而高校的实际培养成本、效益回报和高校学科专业特色等则不在考虑范围内，这就导致财政拨款无法有效地实现政府拨款作为对高等教育发展宏观调控、实现政策目标的主要经济手段的功能，同时在高校投资越来越多元化的今天，这还不利于调动其他社会资源的积极性，严重的甚至可能导致高校陷入通过不断扩招实现财务目标的困局。

第二，“综合定额 + 专项补助”拨款模式属于单一公式拨款方式，无法保证真实性和准确性，过于死板的拨款模式不能适应动态的高等教育成本变化规律，尤其对于教育资源十分有限的情况而言，为了自身发展一些微观办学主体会采取一定不正当竞争行为。此外，这种拨款方式无法体现拨款机制的多目标要求，仅仅将学生人数作为单一的政策参数，这也就无法发挥多政策参数的作用，无法切实有效地对高校办学产生多重激励。

基于以上两种财政拨款模式的不足，我国财政部门也在不断研究以推进现有的高等教育财政拨款模式的更新，从而提高其科学性、有效性，现在已经将公平与效率的原则引入现有拨款模式，其目的是对财政资金使用的全过程进行监督，特别是做到事前监督。

随着社会的发展，我国越来越重视高等教育的改革发展，中央财政为了适应教育发展的要求，在20世纪90年代以后开始大力促进高等教育的发展，通过这种方式有效地增加了专项资金投入。原国家教委对教育专项资金进行专业的项目管理，以此更高效地发挥教育专项资金的宏观调控功能。具体来说，原国家教委会针对项目的立项、论证与评估、执行和监督等全过程开展全面、仔细的管理与跟踪。此外，还需要通过专业的中介评估机构对已经完成的项目进行全面评估，通过科学评估投入资金的使用，促使资金使用效率提升，从而更好地实现资金效益目标。

二、高校财务内外部管理环境的变化情况

近年来，我国的市场经济体制不断完善，教育体制改革也逐步深化，教育市场的开放程度也不断加深，这就导致我国高校理财环境发生了一定变化，对我国高校财政管理产生了深刻影响。一方面，我国高校正处在着力提高高等教育质量，努力增强高校科技创新与服务能力的重要时期；另一方面，高等教育体制改革的目标是要通过现代大学制度的建立，逐步建立政府宏观管理、学校面向社会自主办学的新体制。高校财务工作是高校所有工作的基础，是高校提高教学质量、提升工作效能的保证，是保持高校稳定发展的关键。因此，进一步加强地方高校财务管理显得尤为重要和迫切。

（一）高校校外理财形势

1. 高校有关发展和管理的内部形势

首先，随着高等教育的不断发展，我国高校的办学规模不断扩大，这就导致高校资金问题日渐突出，相关经济活动也越来越复杂多变。其次，建立高校的多渠道的融资体制已迫在眉睫，并且国家财政补助占高校经费总额的比例呈逐年缩小的趋势。此外，高校发展模式正在由外延式逐步走向内涵式。这些无不表明高校财务管理的内涵与外延正在发生变化，客观上对高校财务工作提出了更高的要求。

2. 国家有关高校的外部形势

在全新背景下，我国高等教育体制改革的目标发生了变化，具体来说，

要建立政府宏观管理、学校面向社会自主办学的高等教育体制，只有这样才能满足市场经济体制下高等教育发展的现实要求，而首先就要建立并不断完善适应高等教育改革的现代大学制度。市场经济的竞争机制已延伸至高等教育领域的方方面面，包括学校与学校之间、学校与社会企业之间都存在着激烈的竞争。同时，随着财政体制改革的深入，按照公共财政的要求，将逐步集中财力办好重点高校的重点项目和加大对基础教育的投入。此外，多种所有制高校数量的大幅增加，推动了高校财务管理向国际化的方向前进。

（二）高校校内理财环境

1. 财务管理模式转换需求加大

不同地区的经济发展水平不同，这也决定了不同区域的高校发展不均衡，这是我国经济发展不均衡造成的必然结果。目前有不少高校尚未步入内涵发展的轨道，尚需 2~3 年的转型期或者调整期。实际上，高校的财务管理目标与发展目标一致性很高，并且处于不同发展阶段的高校有不同的财务管理目标，一些高校财务管理相对低效与粗放，强调的是资金的筹集和投入；一些高校的财务管理比较内涵和精细，这些高校追求的是更好的办学效益。不同高校的实际情况不同，这就导致它们的财务管理模式不尽相同。从高校办学实际来看，随着办学规模的不断扩大，不仅高校的财务运行规模持续扩大，为了适应发展要求，高校财务管理职能也不得不相应拓宽，财务管理的内容越来越丰富、战线越拉越长，而这也导致高校财务管理的边界出现一定模糊。在这样的背景下，高校财务管理内涵提升速度缓慢，这就导致财务管理点面脱节，大量校级财务工作堆积，没有精力对更深层次、趋势性问题做出前瞻性的思考和研究，这就导致当时的高校财务管理模式很难适应改变。

2. 高校债务化解压力增加

随着外延发展繁荣，高校为了进一步发展积攒了大量建设性、发展性债务，一些高校甚至为了推进建设和发展欠下超出自身偿还能力的债务。现在问题的关键是，高校维持正常运转已实属不易，或者说很困难，根本考虑不了偿债，单靠学校的力量很难化解债务。由于教育收费具有非营利性、政策性和成本补偿性等特征，导致高校收费政策在调增时受到一定限制。虽然目前关于非义务教育阶段的成本分担已经成为社会共识，但是不同主体的分担份额却没有达成共识，这也是导致教育成本分担难以落实的问题。

3. 高校管理决策信息有用性需求趋强

一方面，高校承受着缓解规模扩大和内涵提升的双重压力，面临着推进现代大学管理制度的现实问题，同时还需要承担加强财务风险防范能力的压力，这就进一步加深了高校财务管理的难度，这主要体现在复杂性、综合性、精细度的加深上；另一方面，高校无法从财务部门提供的财务信息中获得全面信息支撑，在做出关乎学校发展的重大战略决策时，没有信息支撑是一个巨大隐患。在高校的运行管理过程中，需要解决各种利益问题，必须处理好复杂的校内外利益关系，这就要求高校必须及时完善管理运行机制，而这也体现在对财务信息的管理决策分析方面，要求财务信息从可理解性尽快向决策有用性扩展的趋势加快发展。

4. 筹资结构的不稳定性增强

例如，在学校收入结构中，学费、住宿费等已经成为高校收入的主渠道，银行贷款、学宿费收入、财政补助在高校财务份额中占比由高到低。可以看出，随着高校不断扩大办学规模，自身的筹资能力也在不断提升。不得不说的是，对于高校财政而言，政策性因素仍然对高校筹资具有不可忽视的主导作用，尤其是对于那些按民办新机制运作的独立学院而言，很难完全依靠自身的能力实现高校的财政目标，难以推动高校的顺利运行。但是，一旦几年后生源缩减，首先受影响的便是这些独立学院，部分高校招生出现预期的“拐点”，从而导致这些高校筹资政策势必面临调整，筹资结构的不稳定性将会更加凸显出来。

三、高校会计制度的变化

我国高校自 2014 年开始实行新的会计制度，即《高校会计制度》，新制度相较于《高校会计制度（试行）》（以下简称“旧制度”）存在较大差异。

（一）新旧会计制度的会计核算基础比较

在旧制度下，高校的会计核算主要以收付实现制为基础，这就导致会计核算无法客观反映高校的实际成本。新制度针对这点做出了改变，在会计制度中适当引用了权责发生制。以学费收入为例，在新制度下，学费需要通过权责发生制予以确认。这是指，高校需要在每个教学年度，根据教务部门提供的学生注册数以及报到人数，按照相关部门的收费标准向学生收取相应费

用，这包括学费、住宿费等一切规定费用，并要按照要求办理入账手续。为了更准确地对学费收入进行核算，将“应收及暂付款”科目改成“应收账款”“其他应收款”等一级科目，通过更详细的记录避免错误发生。通过这种方式，可以有效提高数据信息的准确性，教务部门和学生部门可以更及时地催交学费、住宿费，从而有效地降低了发生坏账损失的风险；同时，这种会计制度相较于原来的会计制度更全面、真实地反映了高校的资产、负债、收入、支出等会计要素增减变化情况，这样高校可以更全面地掌握会计信息，从而更好地从整体上把握学校的财务情况，掌握财政事业资金的运动过程和工作业绩。

（二）新旧会计制度的会计科目设置比较

1. 收入和费用类科目设置的区别

从收入的来源看，高校的收入包括财政补助收入、上级补助收入、科研业务收入等。通过新旧制度的比较，我们可以很直观地发现，增加调整了资产类科目、负债类科目、净资产类科目、收入和支出类科目。在新制度下，“其他收入”包含的内容进一步扩大，投资收益、固定资产出租收入等科目都纳入新制度下的“其他收入”科目的核算范围。在新制度下，费用类科目最大的变动在于增设了全新科目，即“以前年度盈余调整”科目。

2. 负债类科目设置的区别

变化最大的是“借入款项”科目的改革。旧制度下，基本支出和项目支出全部计入“借入款项”进行核算。同时，新制度进一步对“借入款项”做出细致划分。到期日长的为“长期借款”，到期日短的为“短期借款”。负债类科目相较于资产类科目，在新制度下的改变并不大，但是在原有的负债类科目基础上也相应地增加了一些科目，包括“应付职工薪酬”“预收账款”“其他应付款”“长期应付款”等，通过调整和增加会计科目，可以使会计核算更适应权责发生制的要求。

（三）新旧会计制度的固定资产折旧处理方法比较

在《高校会计制度（试行）》中，不计提固定资产折旧。为了提高真实性和准确性，新制度要求按月对固定资产计提折旧，其中文物文化资产不需要计提折旧，通过集体折旧的方式可以在固定资产的预计使用寿命内系统地分摊固定资产的成本。通过对固定资产计提折旧的方式提高了财务报表数据显示的准确性，计提折旧可以更好地体现固定资产净值，从而使财务报表中的固定资产符合资产的定义，从而保证财务报表数据与《企业会计准则》的资产负债观的一致性。

（四）新旧会计制度的会计报表比较

在旧制度中，高校需要按要求编制资产负债表、收入支出表和支出明细表，显然这些会计报表比较基础不够全面，也就导致预算情况不够科学，提供的会计信息过于简单，很多时候由于会计报表不全面、不完整使高校的财务状况被忽略，因此旧制度会计报表提供的一些信息只能作为财务数据的统计。此外，会计报表项目的设置不够科学严谨，会计报表体系不够完整，对象比较单一。新制度中财务报表增加了新的内容，包括资产负债表、收入支出表（月度）、收入支出表（年度）、财政补助收入支出表和报表附注。新的财务报表体系可以为报表使用者提供更多的信息。

在现行体制下，基建账游离于财务账之外，这对于高校会计报表的完整性、准确性造成了不利影响，导致高校会计报表并不能真实、完整地反映高校各项财务信息。对于基建账目资金来说，不论来源形式如何，最终都会形成一部分实物资产、一部分费用，同时还可能留下一部分货币资金。而新的会计制度下，为了加强会计报表的完整性、真实性，专门增加了基建投资表并将其并入高校财务报表之中，这就消除了基建账游离于财务账之外带来的困境，使财务报表可以全面反映高校经济资源以及基建活动全过程的核算内容。

通过以上分析可以看出，新的高校会计制度相较于旧制度有很多优势。新制度是基于旧制度的创新，为了提高财务准确性和全面性，新制度采用修正的权责发生制和收付实现制两种不同记账基础，利用现代化的财务信息系统可以提高财务信息的准确性，对于高校会计发展具有重要意义，可以说这是高校会计制度设计与改革的重大创新。相较于旧制度，新制度核算的内容更加全面，可以更全面、更完整地反映高校办学经济活动的全过程。在新制度下，增加了“在建工程”“基建工程”两个科目，通过这种方式有效改良了原来基建工程单独建账进行核算的问题，同时对会计科目的核算内容进行了全面的修改和调整。不过，新制度并不是完美的，同样存在一些不足，如应该增加现金流量表等。

四、高校财务制度的变化

我国高校自2021年开始实行《高校财务制度》，新的高校财务制度相较于旧的《高校财务制度》发生了很多变化。从内容来看，新制度基本保持了旧制度的结构体系，但根据高等教育发展实际情况做了适当的调整：主要是减少了“事业基金管理”这一章，增加了“成本费用管理”和“净资产管理”两章内容；将专用基金管理等内容放入了净资产的限定性净资产管理等部分；将原来支出管理部分的费用归集分摊、经济核算等内容调到了“成本费用管理”部分；将原第六章“结余及其分配”名称改为“结转和结余管理”。现就新制度的具体章节的变化说明如下。

（一）总则和附则的变化

1. 适用范围发生变化

新的财务制度调整了旧制度的适用范围，新制度规定：“本制度适用于各级人民政府举办的全日制普通高校、成人高校（以下简称‘高校’）。其他社会组织和个人举办的上述学校可以参照本制度执行。”

2. 主要任务发生变化

新制度基于旧制度增加了“严格预算执行，完整、准确编制学校决算”“建立健全学校财务制度，加强经济核算，实施绩效评价”“防范财务风险”等内容，根据高等教育发展要求补充了主要任务，更好地明确了高校财务的发展方向。

3. 权责发生制引入的问题

新制度没有直接表述高校财务管理的权责发生制问题。这主要是考虑权责发生制直接表现为会计计量基础问题，在《高校会计制度》中加以明确表述即可。虽然新制度没明确表述，但是在资产管理、负债和成本费用管理等章节均遵从了权责发生制的要求。权责发生制的引入是这次旧制度修订的一个创新与突破。

（二）财务管理体制的变化

1. 关于财务人员管理的改变

旧制度规定，高校需要在校内设置财务会计机构，同时还需要配备相应的专职财会人员。只有在获得了上一级财务主管部门的同意后，才可以对该级财会主管人员的任免做出决定，不可以对校内各级财会主管人员进行任意调动或撤换。财务部门会同相关部门办理财会人员的调入、调出，对专业技术职务进行评聘。新制度对财会人员的配备没有修订，主要是对财会人员的管理做了修订，对文字表述做了调整与修改，新制度规定，学校一级财务机构会同相关部门，负责办理校内财会人员的调入、调出、专业技术职务的评聘，同时需要负责校内二级财务机构负责人的任免、调换或者撤换。

2. 关于财务管理机构的改变

新制度对二级财务机构与学校一级财务机构的关系、二级财务机构职责没有修订，主要是对需要设置二级财务机构的范围做了修订，将“高校校内后勤、科技开发、校办产业及基本建设等部门”改为“高校校内非独立法人单位”，这主要是考虑：大多数高校的科技开发与校办产业，经过改制已并入学校的资产经营公司，资产经营公司的财务遵循的是企业财务管理制度；基本建设部门财务大多已并入学校财务处，修订后的《事业单位财务规则》和《高校财务制度》均将其合并到高校的财务管理体系；独立法人单位不能作为学校的二级财务机构，因为按照法人登记注册的要求，其必须是设置独立的财务机构和人员。

（三）单位预算管理的变化

1. 预算的调整

新制度相较于旧制度增加了“高校应当严格执行批准的预算”的规定。因为“财政补助收入”是财政从国库核拨给事业单位的资金，不再使用“预算外资金”这一概念，教育收费经批准暂不缴国库，仍实行财政专户管理，新制度规定“国家对财政补助收入和从财政专户核拨的预算外资金一般不予调整”。

2. 预算编制和审核程序

为了使高校财务更好地适应高校财务预算管理的程序，新制度明确规定高校预算编制和审核程序经法定程序审核批复后执行。

3. 预算编制方法

新制度取消了“校级预算和所属各级预算必须各自平衡，不得编制赤字预算”的要求，因为随着经济社会的发展，适度负债已经成为高校实现发展的一项重要举措，与预算平衡原则不相适应；在基本建设并入财务“大”体系改革之后，在基本建设大规模投资的个别年度是很难实现预算平衡和不出现赤字的。

4. 预算编制原则

在旧制度中，预算编制原则为“必须坚持”，新制度则规定预算编制的总原则为“量入为出、收支平衡”；收入预算编制坚持积极稳妥原则；支出预算编制坚持统筹兼顾、保证重点、勤俭节约等原则。

（四）收入管理的变化

新制度关于收入的规定相较于旧制度更全面，在新制度中，收入被划分为政府补助收入、事业收入、上级补助收入、附属单位上缴收入、经营收入、其他收入，同时，专门针对政府补助收入和事业收入做出了具体修改。考虑到收入来源的渠道不同，可以将收入简化为政府投入、学校自筹和其他。

1. 政府补助收入

新制度明确了“政府补助收入”的概念。在旧制度中，政府补助收入的概念为“高校从财政部门取得的各类事业经费”，新制度则将其修改为“高校从同级财政部门取得的各类财政拨款”，扩大了财政补助收入的概念内涵。

2. 事业收入

在旧制度中，事业收入分为“教学收入”“科研收入”；在新制度下，事业收入划分为“教育事业收入”“科研事业收入”。新制度扩展了教育事业收入的具体内容，增加了对教育事业收入上缴国库或财政的管理条款，这是因为根据部门预算改革的要求，“预算外资金”概念不再使用，同时规定高校的收入仍实行财政专户管理。

3. 增加了对上缴国库和财政专户的管理要求条款

为加强对事业单位收入管理，保证按照规定上缴国库或者财政专户的资金及时足额上缴，防止出现隐瞒、截留、挤占和挪用等问题，新制度增加了“高校对按照规定上缴国库或者财政专户的资金，应当按照国库集中收缴的有关规定及时足额上缴，不得隐瞒、滞留、截留、挪用和坐支”的规定，适应《事业单位财务规则》的新要求。

（五）支出管理的变化

1. 重新修订支出分类

（1）事业支出。

新制度对“事业支出”的分类做出较大修改。在新制度中明确规定，高校开展教学、科研及其辅助活动发生的基本支出和项目支出为事业支出。其中，基本支出是指高校为了实现运行、教育、科研等目标发生的支出，包括人员支出和日常公用支出。项目支出是针对特定工作任务和事业发展目标而言的，这是高校运行过程中，在基本支出以外发生的财务支出部分。新制度取消了旧制度对事业支出内容的八大分类。

（2）其他支出。

在新的高校财务制度中，增加了对“其他支出”的规定，有效地补充了原有高校财务制度关于收入的规定。按照新制度的规定，其他支出即本条上述规定范围以外的各项支出，包括利息支出、捐赠支出等。

2. 增加支出管理内容

新制度规定，高校应当依法加强各类票据管理，确保票据来源合法、内容真实，不得使用虚假票据账。一旦发现虚假票据入账，必须及时纠正，高校应当严格执行国库集中支付制度和政府采购制度等有关规定，高校应该进行科学的支出绩效评价，提高资金使用的有效性。

（六）结转与结余管理的变化

1. 修订结转与结余的概念

在新制度下，明确规定结转和结余是指高校年度收入与支出相抵后的余额。其中，结转资金是指当年已经按照预算执行却没有执行完成，或者因为特定原因没有按照预算执行，但下一年度需要按照原用途继续使用的资金。结余资金是指当年按照预算计划执行并完成工作目标剩余的资金，或是因为特定原因终止执行剩余的资金。按照规定，结转资金原则上需要结转至下一年度按照原计划继续使用。结余资金则应该全部统筹用于编制以后年度部门预算，改变用途须报财政部门审批。

2. 事业单位结余管理

新制度将结转和结余划分为两部分，一部分为财政拨款的结转与结余，另一部分为非财政拨款的结转与结余，由于二者性质不同，因此管理要求自然也不同。原则上，高校需要按照同级财政部门的相关规定，管理财政拨款结转和结余资金。高校的非财政拨款结转则直接按照相关规定结转至下一年度继续使用。在实践中，高校的非财政拨款结余通常可以按照国家有关规定提取职工福利基金，剩余部分则可以作为高校发展的事业基金。事业基金可以在之后用于弥补高校以后年度收支差额，为高校教育事业发展提供资金支持。此外，对于国家另行规定的按照国家规定执行。

（七）资产管理的变化

（1）在资产分类中增加“在建工程”。

（2）在流动资产增加了货币资金的类别，将“应收及暂付款项”名称改为“应收及预付款项”，并增加了对货币资金和应收及预付款项的内容说明。

（3）强化了资产账物和有关收益的管理。对盘盈、盘亏的固定资产，应当及时查明原因，并根据规定的管理权限，报经批准后及时进行处理。高校的对外投资收益以及利用国有资产出租、出借取得的收入，应当纳入单位预算，统一核算、统一管理。高校的资产处置收入应按照国家有关规定实行收支两条线管理。国家另有规定的，从其规定。

（4）进一步规范了对外投资行为。高校应当严格控制对外投资；对外投资应当按照国家有关规定报财政部门或主管部门审批；高校以实物、无形资产对外投资的，合理确定资产价值；高校不得使用财政性资金进行对外投资，不得从事股票、期货、基金、企业债券等投资。

（5）适度调高了固定资产的单位价值标准。把固定资产单位价值由 500 元提高到 1000 元以上且“高校的固定资产明细目录由教育部制定，报财政部备案”。

（6）规范了资产使用和处置的管理。高校出租、出借资产，应当按照国家有关规定经主管部门审核同意后报同级财政部门审批。

（7）增加了资产折旧与摊销的管理规定。高校除文物和陈列品之外的固定资产，应当采用年限平均法，在其使用年限内计提折旧。固定资产折旧政策一经确定，不得随意变更等。

（8）建立了资产共享共用制度。高校应当加强资产管理，建立资产共享、共用制度，完善资源有偿使用成本补偿机制，提高资产使用效率。

（八）负债管理的变化

1. 增加了负债风险控制管理

随着外部环境剧烈变动，高校面临更多风险，尤其随着负债已经成为高校实现发展的一种手段，高校必须加强负债风险管理，需要建立健全负债的风险控制机制，规范和加强借入款项管理，严格审批程序，具体办法由财政部门会同主管部门制定。

2. 修订负债内容

新制度将旧制度中的“暂付款”改为“预收账款”并进一步解释了“借入款项、应付及预收款项”这一内容，借入款项包括高校为流动资金周转或基本建设工程而向银行等借入的短期与长期的款项，应付及预收款项包括高校应付职工薪酬、应付票据、应付账款、其他应付款和预收账款等款项。修订了“应缴款项”的内容解释，根据国库支付改革和社会改革的新要求，增加了“应当上缴国库或财政专户财政的资金、社会保障费”方面的内容。

（九）其他内容

在新制度中，几乎没有修订“财务清算”的规定。按照新制度的规定，分立高校需要按照相关规定，将资产转移至分立后的高校，并相应划转经费指标。新规定基本上没有对“财务报告与分析”进行修订。在“财务监督”中对监督的内容进行了规定，新制度规定，需要监督预算编制、财务报告的科学性、真实性、完整性，监督预算是否有效地执行，监督预算执行是否具有均衡性；监督高校的各项收入和支出是否合规合法；监督财政拨款结转和结余的管理情况；监督高校是否对资产进行规范、有效的管理；对违反财政制度的问题进行纠正等。

第二节　高校财务管理的目标

高校开展财务管理活动就是为了实现其管理目标，只有明确了高校财务管理的目标，才能以此为基础更切实有效地开展财务管理工作，提高高校的财务管理水平。高校财务管理目标具有自身的独特性，它不是一个独立存在的目标，而是以高校发展总体目标为前提，在高校发展总体目标的框架内，确定为高校发展服务的财务方面的具体管理目标。因此，高校财务管理目标不是一成不变的，而是随着高校发展目标的变化而变化，但基本的管理目标是确定的。高校是公益性的教育事业单位，服务于国家的经济社会发展，提供教育准公共产品，根据高校的特点，高校财务管理的目标包括以下几个方面。

一、高校财务管理的基本目标

企业财务管理目标是追求利润最大化。而高校却不同，长期以来，一直认为“不以营利为目的”是高校的内在规定性，财务做到收支平衡就算达到了财务管理活动的目的。随着高校教育改革的不断深入，高校办学自主权的进一步扩大，高校得到了快速发展，高校办学模式呈现出了灵活性、多样化的特征，教育经费投入不足与办学规模不断扩大之间的矛盾日益凸显。由此，高校财务管理的内涵与目的也随之发生了较大的变化，现行的高校财务管理运行模式及目标面临着严峻的挑战。因此，转变高校财务管理目标观念势在必行，即使“不以营利为目的”，也要将“绩效最大化”、可持续发展作为高校财务管理工作的目标。即讲求“社会效益”（提供教育服务）时，也要追求经济效益，提升竞争力。因此，对高校进行财务管理非常重要。

高校开展财务管理活动，首先需要建立运行有效的财务管理系统，这是财务管理最基本的目标。高校为了实现财务管理目标，必须建立运行有序、管理有效的财务管理和控制系统。高校想要进行科学、有效的财务管理工作，首先需要加强内部管理，要建立健全、有序、高效的内部管理制度，只有保证高校财务管理系统健康、有效运行，才能保证高校从整体层面健康发展。只有实现财务管理本身的有序、有效，才能保证开展财务管理活动可以实现财务管理目标，才能保证高校健康运行。因此，对于高校财务管理来说，建立有效的财务管理系统是基本目标。

二、高校财务管理的主要目标

高校进行财务管理从某种角度来说是为了通过加大筹资推动高校发展，因此实现筹资最大化是高校进行财务管理的主要目标。筹资最大化是为了高校实现更好发展的重要途径，是指实现高校发展所需资金的筹集最大化。在高校财务管理中，筹资最大化是一项重要目标。筹资即通过各种渠道和方式为了某种目的而筹措资金，是一种常见的财务管理活动，需要注意的是，高校属于教育单位，因此与身为经营单位的企业不同，财务管理目标并不是追求利润最大化，高校的财务管理目标应该是追求筹资最大化。高校筹资途径多样，但最主要的资金来源为政府投入和学费收入，在此基础上还有一些其他收入作为补充。学费是政府审批的事业性收费项目，高校收取学费是为了有效地补充教育经费，政府投入和学费收入都是高校筹资的重要组成部分，但是学费收入会在一定程度上受学费标准和学生人数的限制。此外，高校还有收到社会捐资助学等其他资金，这些筹资途径的范围相较于学费收入更为广泛。高校为了实现更好的发展，实现筹资最大化的财务管理目标，应该积极申请政府各项专项资金，还需要积极争取社会的捐资助学。

三、高校财务管理的终极目标

建立运行有效的财务管理系统，高校财务管理追求的是在筹资最大化的基础上，实现资金使用效益的最大化。可以说，对于高校财务管理而言，基本目标是实现筹资最大化，最终目标是实现资金使用效益最大化。其中，资金使用效益最大化实际上就是指最大限度上发挥筹集到的资金的效益。高校必须在使用资金之前进行科学的效益评价，只有这样才可以有效避免由于盲目或随意支付资金导致发生资金浪费的情况，科学、合理地运用资金是财务管理的关键。高校使用筹集到的资金时，首先需要保障高校的正常运转，其次要为高校发展的实际需要服务，要明确高校发展重点，将资金投放到学校规划和优先发展的项目上，同时高校必须进行科学、有效的资金使用效益评价，只有保证资金充分发挥使用效益，才可以最大限度地发挥筹集资金的作用，才能有效推动高校的发展。

第三节　高校财务管理的内容

高校财务控制内容是在实现高校财务管理目标的过程中，对经济活动内容所实施的控制。高校财务管理内容包括资金筹集、分配、使用的管理，涉及预算、实施、决策、控制、分析、监督管理等环节。财务控制思想贯穿在财务管理的整个过程中，管理过程中有控制的思想，控制过程中有管理的内容，财务管理与控制是不可分割的整体。

一、资金的筹集

资金的筹集渠道主要有财政拨款、向主管部门申请各类专项资金、收取学费以及筹措其他各种收入等。这项管理内容涉及资金收入预测和实施环节，即对筹集的资金项目和筹资总额进行预测，并对预测行为付诸实施，以取得实际的筹资收入。

二、资金的分配

资金的分配是根据学校的发展规划进行资金使用额度的预算分配，即将筹集的资金投向哪些方面。这项管理内容涉及预测和决策环节，即支出总额的预测、资金投向的决策。

三、资金的使用

资金的使用是在资金分配的基础上进行的支出管理和控制。根据各项目的资金预算，对项目资金使用过程进行监控，使支出范围和支出金额符合预算的要求。这项管理内容涉及控制、分析环节，即控制超预算支出、分析预算执行情况等。

资金筹集、分配、使用都涉及监督管理环节，必须有作为第三者的内部审计部门予以监督控制。

第四节　高校财务管理创新的必要性

一、高校财务管理创新的动因

（一）财务管理创新是高校自身发展的需求

近年来，我国在高校审计监督、财务检查等方面加强重视，导致很多之前没有被发现的高校财务管理问题暴露出来，高校财务管理暴露出的问题主要包含以下 9 个方面的内容。

（1）在重大经济决策方面缺乏科学性和规范化。一些高校在没有充分论证的情况下做出重大经济决策，这就导致了决策效果不明显的情况发生。在决定重大经济事项、使用大额资金时，很多高校并没有对此进行集体决策。

（2）缺乏高效的财务管理体制，财务运行绩效不高。一些高校甚至没有建立校、院两级财务管理体制，很多高校即使建立了校、院两级财务管理体制也并不健全，这就导致高校与各院系之间的权利、职责和利益不够清晰，在处理经济事项上容易出现扯皮推诿的现象，这就严重阻碍了高校财务的顺畅运行，导致了财务运行绩效在一定程度上有所降低。

（3）违规从事投融资活动，投资效益低下。一些高校在使用贷款时没有严格遵循相关规定，高校一旦违规提供贷款担保或是违规进行风险性投资，就会埋下风险的种子，会为学校带来一定潜在损失，校企之前存在产权不明确、职责不清晰的问题，在对外投资方面严重缺乏科学管理。

（4）缺少完整的预算编制，并且预算执行也不到位。当前仍然有一部分高校存在部门预算与校内预算分离的情况。高校财务预算不全面，仍然有一部分收支没有归入预算，而是游离在预算控制之外，在预算执行的过程中也有很多环节并不到位。

（5）违规使用科研经费，管理责任落实不到位。目前很多高校在科研经费管理方面存在职权不清的问题，也就是说学校、学院和课题组之间缺乏明确的管理职责划分，责任不清晰就导致了各种管理问题。在外拨经费方面也没有明确手续，缺乏严格的监督。当前一些高校会利用不合规票据虚列支出、套取资金等，这些违法违纪行为严重影响高校实现财务管理目标。

（6）资产管理不规范，使用效率不高。目前还有很大一部分的高校存在资产管理与财务预算管理脱节的现象，这就导致了资产重复购置，从而出现闲置情况，一些学校不按照政府采购的相关规则使用资产，存在超标准购置固定资产等现象，还有一些高校在非经营性资产转经营性资产方面存在不规范行为，也没有对经营性资产进行严格监管。

（7）财务收支管理不严、控制不力。当前一些高校会超标准、超范围收费，造成了收费不规范现象的发生，不执行财务收支“两条线”的管理规定，甚至一些高校公款私存建立自己的“小金库”，一些高校在预算方面存在问题，“三公”支出膨胀。

（8）建设项目管理缺乏秩序。一些高校在建设项目实践之前并没有充分的可行性，建设项目的投资概算、预算与决算之间存在较大差别，这就导致项目发生频繁变更。高校在项目建设上就需要不断追加投资，最终出现建设项目管理与财务管理脱节的情况。

（9）大量举借内外债，财务风险巨大。一些高校在未经主管部门批准的情况下违规贷款开展基本建设活动，不考虑自身的财务实力，不考虑是否有能力还本付息，导致高校财务运行逐渐恶化，这些行为导致高校承担很大的财务风险，财务运行困难。

以上这些问题严重影响了我国高校的健康发展，扰乱了高校财务秩序，造成高校资金的流失和浪费，使高校资金无法充分发挥作用。这就要求我国高校必须加强财务管理创新，进一步理顺财务管理体制和运行机制，通过加强财务制度建设、改进财务管理流程、规范财务行为来提高财务运行绩效。

（二）高校财务管理创新是高等教育发展的需求

随着经济全球化不断推进和我国改革开放程度的不断加深，我国高等教育也需要与国际接轨，逐渐向国际化方向发展。在国际化环境中，我国高等教育面临复杂问题，高校发展需要处理一系列财务问题，这就要求高校开展科学、有效的财务管理活动。就我国高校财务管理的发展现状来说，财务管理已经成为与高校人才培养、科学研究、社会服务等同样重要的工作内容，并且随着市场经济的发展，高校财务管理将会起到越来越重要的作用，并从高等教育管理的边缘逐渐走向高等教育管理的核心。尤其是在 1999 年我国高校陆续扩招以来，高等教育毛入学率不断攀升，中国高等教育在学总人数超过 4430 万人，毛入学率由 2012 年的 30 %，提高至 2021 年的 57.8 %，提高了 27.8 个百分点，实现了历史性跨越。可以说，随着我国高等教育的不断发展，当前已经逐渐从精英教育阶段进入大众教育阶段，基本上满足了社会对人才的需要，满足了广大人民群众接受高等教育的需要，对于我国未来发展来说，高校人才培养为社会发展提供了重要人才动力，为打造人才强国打下了坚实基础。与此同时，政府和社会也加大了对高等教育的投入，推动了我国高等教育的发展。我国教育经费总投入由 2011 年的 2.4 万亿元提高至 2021 年的 5.8 万亿元，是 2011 年的 2.4 倍，年均增长 9.3 %。国家财政性教育经费由 2011 年的不到 2 万亿元提高到 2021 年的 4.6 万亿元，是 2011 年的 2.5 倍，年均增长 9.4 %。2012 年至 2021 年，国家财政性教育经费累计支出 33.5 万亿元。政府和社会投资有效地缓解了高校扩招造成的巨大财务压力。但是目前我国对高等教育的财政投入，还是无法满足不断扩大的办学规模带来的资金需求，高校仍然面临着办学经费紧张的问题。造成这种问题的原因很多，其中最主要的原因包括以下几个方面：一是政府和社会投入不足；二是没有充分发挥办学资源的作用；三是由于经费支出结构不合理、支出控制不严格造成了资金浪费。对于高校财务管理来说，应该采取一定手段解决这些问题，高校应该进一步拓宽办学经费来源渠道、优化办学资源的科学配置、科学调整财务支出结构、有效控制办学经费支出等，通过提高办学资金使用效益的方式缓解高校办学资金紧张的问题。

二、高校财务管理创新的方向

（一）加强高校财务管理意识培养

一方面，在过去很长一段时间，我国高校的运作经费都是以财政拨款为主，随着高等教育发展才逐渐转变为财政补助收入、上级补助收入、事业收入、经营收入、附属单位上缴收入、其他收入等多种渠道。另一方面，随着高等教育发展，高校办学规模不断扩大，办学条件也不断提高，教职职工的福利待遇也相应地有所改善与提高，这就导致高校经费收入已经无法充分满足高校继续发展的需要，因此很多高校开始通过向金融机构融资的方式满足自身发展需要。随着高校融资渠道的增多，高校财务管理也迎来了新的问题。随着高校发展经费筹集方式的转变，使用经费会产生新的成本，在传统高校财务管理中并没有出现过这样的问题。在高校的经费使用方面，一般情况下，列出的项目支出金额并不是固定资产的真实价值，核算方式也无法反映该项设施的真实成本。基于此，为了有效开展高校财务管理，就需要引入资金的成本意识，只有这样才能使高校财务管理适应新形势，才能充分发挥财务管理对高校发展的作用。

（二）加强高校财务管理观念创新

随着高校理财环境的不断变化，高校财务管理必须做出改变，首先就要转变传统财务管理理念，通过观念创新适应全新的理财环境，以此为基础才可以开展切实有效的财务管理活动。高校的一项重要任务就是向社会输送人才，因此高校为了实现资金管理制度、人员管理制度和经济责任制度的创新，不断加强知识资本观念，从根本上认识人力资源成本与价值，注重人力资源的管理，加强对人才资源的科学核算、整合和利用。对于高校发展而言，财务管理是一个重点内容，但就我国高校财务实践来说，普遍存在经费长期投入不足、投资效益不高的问题。此外，高校的支出结构也缺乏合理性，这就造成了资源的严重浪费。基于此，高校必须加强自身的成本核算，财务管理部门需要树立正确的效益观念，加强对经费支出的控制；在财务管理中，人起到了重要作用，高校财务人员应该充分运用职权，为广大师生提供相应的服务，财务人员应该树立正确的服务观念，强化服务职能，不断提高自身服务质量，只有这样才能为高校财务管理发展提供良好的财务环境；高校需要建立并完善经济责任制体系，要在高校财务工作的各个环节中落实经济责任制度，通过这一途径可以有效地提高高校财务管理水平，可以避免或减少财务工作失误发生。

（三）加强高校财务管理技术创新

我国高校财务核算方式已经由原来的收付记账式转变为复式记账法，这并不仅仅意味着简单的记账法改变，更是标志着高校的核算体系发生了根本的变化。高校的会计业务也由以前的简单反映业务，向着财务预测、控制、分析等功能发展。这决定了电算化软件要相应具备财务数据提炼的能力。

在信息化时代，信息技术在高校财务管理中发挥着巨大作用，也就是说，高校财务管理信息化已经成为一种必然趋势。高校财务管理信息化，实际上就是高校管理部门运用各种信息化手段，在财务工作的各个环节集成、整合和优化各种财务信息，利用信息技术实现校内资源共享，通过这种方式有效减少重复劳动，提高财务工作的效率。在信息技术发达的今天，建设数字化校园已经成为重要任务，而高校财务管理信息化则是其中一项重要内容，这对于推进高校的全面、协调、可持续发展具有重要作用。网络的发展一方面为高校发展带来了新的机遇，另一方面也为高校发展带来了新的挑战，这在财务管理方面就有所表现，财务管理信息化已经成为网络信息时代高校财务管理的必然发展趋势。在校园网络化为财务管理信息化提供技术保障的条件下，财务管理信息化实际上就是实现高校资源在管理机制、管理理念、工作方式等方面的改革和创新。

（四）加强高校财务制度创新

高校财务管理创新和发展必须有相应的财务制度支撑，可以说制度创新是财务管理创新的重要组成部分，尤其是在金融形势发生了巨大变化的现代社会，财务制度创新对高校财务管理创新有直接影响。未来将是金融化的时代，高校在信息化、网络化、全球化环境中，必须加强校际沟通和协作。高校开展财务管理活动，必须树立全球化的理财观念，结合自身的实际情况，在世界范围内扩大筹资和投资渠道。我国高校应该积极主动地参与国际竞争，通过这种方式有效提升自身的资本运营效率和效益。同时，高校应该建立健全管理制度，通过制度的作用规范人的思想和行为，按照相关法律法规规范高校经营管理，一方面可以保证高校财务工作有章可循、有法可依，另一方面可以保证高校财务制度适应不断变化的高等教育发展要求，这样既可以保证财务管理的原则性，又可以保证财务管理的灵活性。

（五）加强高校财务人员素质培养

在过去很长一段时间，我国高校财务业务单一，对高校财务人员的素质要求较低，一般只要求财务人员具备一定政治修养素质和职业道德修养素质。但随着高校规模的扩大和财务业务范围的变化，高校对新形势下的财务人员提出了更高的要求，除了政治修养素质和职业道德修养素质外，业务素质成为财务人员必须具备的重要素质。

1. 增强技术能力

计算机及网络技术的发展可谓一日千里，财务工作也受到现代技术的影响，当前电子化和网络化已完全取代了传统的算盘、计算器加账本的模式，并且随着科学技术的不断发展，财务工作的复杂程度不断加剧，同时向一体化方向发展。而技术进步，不仅带来了财务工作的发展，还对财务人员提出了新的要求，财务人员在这样的发展环境中，不仅要不断学习、更新业务知识和能力，还需要适应技术发展掌握现代化办公手段，要熟练地掌握和运用不断更新的计算机和网络技术，只有这样才能不被时代淘汰。

2. 增强决策与管理能力

随着高校财务管理的发展，财务人员的工作内容发生了很大变化，财务人员不仅负责账目记载、现金款项的收支流通等基础性工作，还要在一定程度上参与高校管理，可以说财务管理已经成为高校管理中的核心组成部分，并且财务管理的重要性还在不断提升，已经对高校的发展产生了决定性影响。影响高校管理和发展的因素有很多，如科研水平、教育水平等，但财务管理水平通常会直接影响一个高校的发展，从高校的财务管理水平就基本上可以看出其整体管理水平和发展状况。在高校中，财务部门并不仅仅是职能部门，财务部

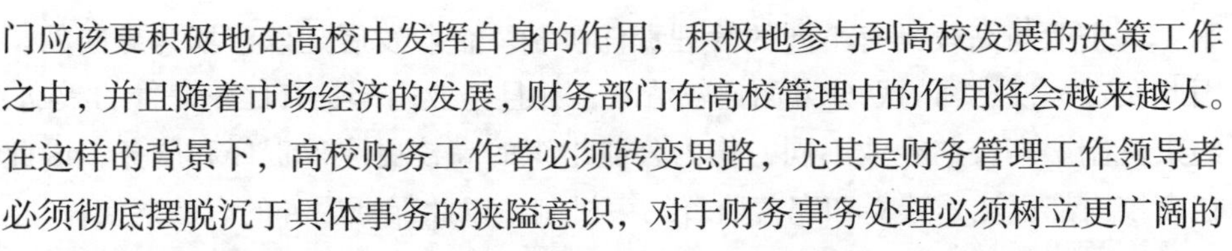

门应该更积极地在高校中发挥自身的作用，积极地参与到高校发展的决策工作之中，并且随着市场经济的发展，财务部门在高校管理中的作用将会越来越大。在这样的背景下，高校财务工作者必须转变思路，尤其是财务管理工作领导者必须彻底摆脱沉于具体事务的狭隘意识，对于财务事务处理必须树立更广阔的视野，要以前瞻性的眼光看待财务管理。同时，财务工作者还应该不断提升自身决策能力，通过加强财务人员培养促进高校财务管理的发展。

3. 增强知识涵养

经济社会发展带来了社会经济结构的深刻变革，随着社会发展不断有新的产业和行业涌现出来，传统行业也在这样的背景下升级和转型。同时，社会事业在这样的背景下不断更新和发展，而财务工作的内容也在这个过程中不断丰富和扩展。财务人员需要认清发展形势，通过不断认识、学习和掌握新知识、新技术的方式，提高自己的能力，以便不被时代淘汰，并以此为基础促进经济增长和各项事业的发展。随着经济发展和管理学科研究的不断深化，财务核算也相应地发生了变化，财务核算的规则和方法相较于之前已经更新，并且这种变化还将持续下去。而这无疑对财务人员提出了更高的要求，财务人员必须打破僵化的思维模式，通过学习掌握新的财务核算规则和管理方法，要不断更新理念和技能，只有这样才能保证自身在财务管理工作中充分发挥作用，才能保证财务管理的科学性、准确性。

三、高校财务管理创新引入现代企业财务管理的必要性

（一）现代企业财务管理与高校财务管理的比较

1. 管理个性的差异

高校属于公共部门，现代企业属于私人部门，这就导致二者在财务管理个性上必然存在一定区别。具体来说，这些区别主要表现在以下两个方面：第一，企业与高校有不同的管理目标或使命。企业管理的目标是获利，只有这样它才可以在市场竞争中生存和发展，因此对于企业来说，其现实目标是追求利润最大化。高校与现代企业不同，它是非营利性事业组织，高校管理是为了节约办学成本，实现资金作用的效益最大化。我国公立高校仅对学生收取低于成本的学费，以此保证教育公平。由于高校具有公益性，这部分费用无法得到补偿，因此高校更重视社会效益评价，管理目标难以完全量化。

第二，企业与高校具有不同的管理责任机制。企业发展是以市场为导向的，因此在责、权、利的划分方面比较清晰，并且企业内部具有比较完善的激励、约束机制。高校与企业不同，作为公益组织的高校更注重责任和服务，因此在高校内部更注重建立和完善监督约束机制，以此保证服务的有效落实。

2. 管理环节的差异

虽然高校属于公共部门，现代企业属于私人部门，但从整体上看二者在财务管理方面的环节基本一致，都包括以下5个环节：财务预测、财务决策、财务预算、财务控制、财务分析。但是二者在各个环节采取的技术手段存在一定差异，这也是由二者自身特性决定的，因此将现代企业财务管理融入高校财务管理的过程中，要把握这种管理手段上的差异。

3. 管理内容的差异

（1）高校财务管理的内容和方法。

开展高校财务管理活动，要求高校按照规定通过多种渠道筹集事业资金，科学合理地编制学校预算并在实践中落实预算计划，同时还要对预算执行的全过程进行科学有效的控制和管理；高校要根据实际需要合理配置学校资源并不断优化，尽可能做到资源的节约利用，通过有效手段提高资金使用效益；高校需要进一步加强资产管理，建立健全财务规章制度，充分发挥制度的作用，使高校经济活动有序运行；财务管理还要求相关部门必须如实反映学校财务状况；要加强对高校经济活动的监督，以此保证资金使用的合理、合法。

（2）企业财务管理的内容和方法。

企业财务管理是企业在生产过程中针对客观存在的财务活动和财务关系而产生的，企业需要通过财务管理组织财务活动、处理自身的财务关系，这是保证企业健康运行的必要手段。企业要处理与政府之间的、与投资者之间的、与债权人之间的、与债务人之间的、企业各部门各单位之间的、与职工之间的等众多的财务关系。从本质上来看，企业财务管理就是对资金运动进行管理，对资金运作过程中产生的各种关系进行管理。

（二）高校财务管理引入现代企业财务管理的重要意义

1. 有利于提高高校资产真实性

引入资金的时间价值概念，加强项目核算，对引资成本较高的固定资产项目，反映资产的真实价值，反映高校真正的运作成本，反映学校真实资产。

2. 有利于建立高校财务预算体系

高校财务预算通常只是进行财务经费的简单归集，并不像企业那样进行全面预算，因此高校编制的财务预算可行性较低，执行效果也并不理想。同时《高校财务制度》的预算编制方法还在很大程度上制约了高校财务预算的编制，导致预算不能真正反映后继年度的资金使用情况和需求情况。编制缺乏科学性直接影响了预算执行和会计核算，就我国高校财务报表编制现状来说，缺乏可行性是一个普遍存在的问题。很多高校在编制财务预算时，没有实现收集、统计和分析相关数据，没有进行充分的可行性论证，这是预算编制缺乏可行性的重要原因，最后就导致预算执行的效果极差。对于高校财务预算来说，应该适当地引入企业财务管理手段，以此提高高校财务预算的科学性，促使高校建立健全适应高校发展要求的财务预算体系。加强财务管理手段创新，利用具有先进性、时代性和技术性的财务管理手段开展高校财务管理活动，建立健全高校财务分析体系。在传统高校财务分析中，主要采用定量分析方法，而通过对影响高校收支的主要因素进行科学分析，可以弥补定量分析的不足，从而提高财务分析的真实性、客观性，以此为基础可以促进高校实现持续发展的目标。

3. 有利于提高高校财务分析质量

当前我国高校财务分析主要是进行量化分析，重视财务总体“量”的财务分析，包括年度收入、年度支出、支出经费比重、收入预算完成情况等，而缺乏对于高校财务的“质”的分析，如影响学校收入变化的主要影响因素、支出结构的合理性、财务配置的科学性等。高校开展财务管理活动，其中一项重要的内容就是财务分析，高校必须建立健全财务分析体系，至于这样才可以科学客观地分析高校财务状况，才可以为高校科学管理提供可靠的依据。当前我国已经进入知识经济时代，在市场经济的推动下高校投资主体也呈现出多元化特征，因此高校必须加强财务分析，只有这样才能有效地降低办学成本，提高资金使用效益。

4. 有利于建立高校资金业绩考核体制

由于高校教育的特殊性，高校绩效考评主要体现为人才培养和社会价值，而这些恰恰是难以直接观察到的。而所有者（国家）的管理缺位，使高校基本上没有工作业绩考核。高校教育的社会价值是无形的，因此高校业绩考评显得无所适从，特别是资金使用层面的考核体系至今尚未完成，以至于大量高校资金悄然流失，这就需要运用企业财务管理手段来逐步实现考评体系的建立，从而保证资金的有效运用。

第二章　高校的财政支出控制

建立健全学校的教学成本管理运作机制，是高校开展教学成本的会计核算与测量工作。高校实施成本控制，既能充分挖掘内部潜能，优化资源配置，又能降低成本，提高效益，提高学校的核心能力。构建高校的成本控制体系，特别是研究其在高校中的成本控制的一般准则，具有重要的现实指导作用。高校实施成本控制有三大目标：第一，确定了成本－效率的基本途径；第二，摆脱财政困局；第三，建立新的成本－效率经营模式。

第一节　高校的财政支出分析

成本核算是成本管理的根本，是实现成本补偿、促进成本分摊的科学性和合理性的前提，也是高校各个投入机构认识其投入收益的一个主要手段。教育作为一种公益公共产品，其收益的间接性、隐蔽性、社会性等特征，使其无法通过单纯的教学行为获得，教育成本也无法通过直接的方式来弥补。因此，高校作为一种非营利性机构，不必进行损益核算，也不必进行教学成本的核算。高校的这种特点极大地制约了教学成本核算的发展和应用。长期以来，我国的高校教学成本核算仍处于理论研究的初级阶段，很难在实际中得到运用。然而，由于环境的变化、教育体制的变革、教育理念的转变，以及各种教育机构的投入，对成本的认识越来越迫切，越来越需要科学、准确和相关的成本资讯。为适应社会经济发展的要求，高校财政从单纯的只有成本的核算向科学化、精确化的方向发展，这就要求采用科学、合理的核算技术来进行会计核算。为此，高校着重论述了高校的成本核算基础理论和技术手段。

一、教育成本概况

（一）教育成本的概念分析

为了实现某种目标和进行生产和管理，人类必须拥有、配备和消耗某种资源，其中包括人力、物力、资金等。“成本”是一个非常关键的经济术语，马克思首先从经济的视角阐释了它的价值。他认为，生产成本的实质就是产品或劳务所消费的产品的价值，而产品的成本就是在产品的价值中，用以弥补所消费的生产资料的价格和所用的劳工的价格。从上述的表达可以看出，企业的成本是指企业在各种生产和运营的经济行为中所产生的。在企业的生产经营过程中，企业的成本是各种资源的总和，也是企业的经济效益的体现。成本可以划分为：一种是与具体的客体相关联的直接成本，一种是可以追踪成本，一种是把直接成本分配给一个具体的客体；间接成本是与某一具体的成本目标联系起来的，但是无法从某一具体的经济客体中进行成本的分摊。

教育是一项具有独特意义的经济行为。随着研究的深入，20世纪50年代、60年代初期，“教育成本”的观念也随之出现。英国的教育经济学家约翰·希恩说：“教育部门，同其他经济部门一样，要使用一部分宝贵资源。这些资源如不用于教育部门，就可以用于别的部门。”美国知名的经济学家舒尔茨指出：“学校可以视为专门生产学历的厂家，教育机构（包括各种学校在内）可以视为一种工业部门。”以上所阐述的内容，是将成本思想应用到教学实践中的一个重要的理论依据。所以，西方的教育家们将其看作是投入人的资源的价值，而这正是其产生的结果。在我国，教育成本是一项十分必要的工作。关于“教育成本”这一定义，虽然有不同的表述，但其本质含义大致相同，都认为其实质是对教育资源消耗的一种价值体现，或者说，是“消耗于教学中的物质活动与生活劳动”。这既包含了以金钱为代价的教育经费，也包含了由于使用而造成的非教育目的所造成的经济利益，也就是机会成本。从其性质上看，高等教育成本分为广义、狭义两种。

广义上说，是高校学生们在某一段时间(一年或一段时间)中，国家、社会、家庭支出的总支出，包括为高校学生提供教学、教学辅助、后勤维护等方面支出；教育机构为了教育而使用的资源而浪费了大量的时间；学生和其家庭在学杂费、学费、食宿费、交通费、学习用品等方面的支出；由其本人放弃的教育所得（机会成本）、由于受过高等教育而不从事生产性工作、由于工作年限的缩短而降低的所得；劳动生产率和国家收入的下降。

狭义的高等教育成本仅指高校或其他高等教育机构在一定时期内用于培养学生所耗费的可以用货币计量的教育资源的价值，它不包括社会和个人投资于高等教育而丧失的机会成本。这里所说的狭义高等教育成本也就是高校教育成本。由此可以看出，高校教育成本是高等教育成本中的一个子概念。

教学行为是特定物品的生产与消耗，其所产生的“商品”的特性，也就是其特有的价值。教育成本与公司的产品制造成本观念存在显著差别，其含义也不同。

（二）教育成本的组成

从经济学角度来说，教育成本是指高校在培养学生时所付出的代价，这不仅包含了物质性的投入，还包含了大量的人力资源，这主要体现在国家和学生的家庭上。但是，这些钱都是用在了教育上面。而用来教学的资金，可以用货币来衡量，这就是所谓的“教育成本”。总体而言，可以将教育成本分成三大类。

（1）教育成本，是指高校为培养学生而投入的全部经费和财力。

（2）递增成本，是指由于上高校而导致的学生的生活费增长。

（3）机遇成本，是指因高校学业而推迟参加工作的机会成本。

（三）支出、费用和成本之差异

1. 学校和学校的开支

在我国高校财政中，学校的经费主要是指在培养学生的同时，为偿还债务而取得其他资产而产生的消耗资产。在一定的财务周期内，学校的开支可以分为现金和非现金两种。从长远来看，学校的一切开支都是用现金支付的。在学校财政方面，学校开支的覆盖面仍然大于其所涵盖的领域。仅指为在学校的教育和教学中为培养高质量的人才而产生的各项开支，如偿还借款、支付应付账款、购买固定资产等，均与培养人才没有关系，也不能成为学校的经费来源，也不一定一开始就是经费，而这些开支早晚会转变为学费。

从总体上看，学校的经费按照其经济效益可划分为应计入培养成本、科研费用支出和不计入人员培养成本和科研费用。在会计核算方面，可以分为管理费用、财务费用和经营费用（构成期间费用）。根据其经济内涵，可以划分为劳动的费用、劳动手段的费用和日常劳动的费用。

2. 办学费用和办学成本

学校的成本是物质性的代价。以高校的办学成本为例，它是以学生的培训水平等为基础，通过将当期发生的成本汇总起来，从而构成高校为培养人员所花费的经费。办学费用是指学校投入的经费，其计算的结果与具体的财务周期有关，与高校的培养水平无关。因而，在高校的核算中，办学成本的含义与其广义上的成本是相同的，也就是为某一目标而产生的成本。

从以上分析可以看出，在我国高校财政中，教育经费的含义要远大于其内容。办学的成本可以被视为学校支出的一部分，而在实践中，两者具有并行性，能够互相转换。在办学支出、办学费用和办学成本中，只有费用是一个或多个核算元素，并与收入相应地存在；办学成本只能作为衡量成本的一种方式，而学校的支出和费用却不能。

从确认的观点来说，学校开支的认定比较容易，通常在确定成本时，或在发生时就可以确定。办学费用本质上是学校的资产支出，但并不是所有的资产耗费都是办学费用。在学校财政中，教育成本的确定是指学校在一定的时间内，从学校支出的目标转移到特定的人员。在特定的时间内，学校的支出是学校的基本支出。在学校的财政支出方面，学校的成本比较广泛，它的确定要有特定的定义，特定的成本都有固定成本、沉没成本、机会成本等，而在现代成本管理中，也有操作成本等。

（四）教育成本特点

1. 在教育成本方面的补偿

在对商品进行估价时，将原材料、技术及人力的综合成本进行核算。如果一个公司把一个商品卖给了一个客户或者一个分销商，那么它的销售额就会扣除它的成本，剩下的钱就是它的利润了。因此，实物商品的价格可以用卖给市场来弥补。与实物商品相比，由于其本身具有的公共性，其弥补的代价更为直接。目前，我国的高校教育经费仅为在校的一小部分，还远远无法弥补其培养学生所需的所有成本。教育成本的补偿不能即时实现，必须在学成后进入社会，以就业来弥补。因此，一方面，高校的教育成本无法用增加的学费来弥补；另一方面，也无法用“出卖”毕业学生的方式来弥补。为此，应采取财政补助的方式对高校的办学成本进行补偿。

2. 受教育成本限制

在激烈的市场环境下，厂商都会尽可能地降低同类型的商品的成本，以获得更大的竞争优势。高等教育向社会输出的“产品”就是具有自主思维和个性特征的“人才”，而教育则是为其提供专门的知识和技术，同时也为其提供道德素质教育。与单纯为了获得利润而制造产品的公司相比较，高校更注重于教育本身所具有的社会外溢效果。因而，对教育的投入也存在着一定的局限性，并非是越低就越好，但也存在着一定的范围，采用单一的生产方式来实现生产成本的减少并不恰当。高校的办学成本居高不下，这就说明了高校在实施教育时存在着大量的经费问题，这对学校今后的长期发展是不利的；高校的办学成本偏低，就是因为学校的经费短缺，从而在某种意义上降低了高校的教学水平，进而会对学校的声誉和口碑造成不良的影响。

3. 教育成本的单位增长

随着生产技术的发展和管理的不断改进，企业在产品的制造中，单位产品的成本将会逐步下降。与此形成鲜明对比的是，高校的教学成本将持续增长。产生这些问题的原因有很多，但与经费、培养质量、现代科技运用有关。与追求最低成本的公司相比，高校在实施教学时，并没有将节约成本作为终极目标。与此形成鲜明对比的是，适度提高教育投入，是提高教育质量和提高教学水平的关键因素。一位教育界的学者，对高校的成本进行了归纳和总结，即：高校要想取得优异的教学成绩，要有良好的口碑，要有深远的影响，必须要投入大量的金钱，而且要有足够的经费，才能达到高校的教学目标，否则绝不能满足其教育目标。

4. 长期的成本效率和成本补偿之间的间隔

中国有一种古老的说法，叫作“十年树木，百年树人”，它体现了高校在经费上的投资和消耗并没有立竿见影的特征。教育周期的长期性决定了教育成本时间的不配合性，即教育投资效益的迟效性和长效性。高校毕业生进入社会工作岗位之中，其终极利益将得到充分的体现，这个进程将是一个漫长的时期。普通的高校学生要经过10~15年的工作，在高校里的学习效果将会得到最大限度地体现。与受过高等教育的学生比较，生产实物商品所需的成本，能够在相当短暂的时期里获得利益。根据有关的数据，教育学专家认为，虽然教育成本的回收周期比较漫长，而且是直接的，但与公司的产品相比，它可以带来更多的收益，而且可以得到双倍的回报，且其收益也是连续的、稳定的。

5. 教育成本的本质特征

高校的教育经费因为其高度的分享和整体的投资而减少了其所需的直接成本，但其所需的间接成本也更大。在制造实物商品的过程中，其成本可以从根本上进行核算。但是，高校的教学成本是不一样的，它具有很高的协同作用和各种教育资源的分享问题。由于公共性的费用较多，使得高校的教学成本计算变得更加困难，而如何合理地使用不同的资源，都将会对其进行成本核算有一定的影响。

6. 确定受教育成本的困难

目前我国高等教育成本核算的困难在于：一是对高等教育成本的定义没有得到明确的界定，对于高校的教育成本中哪些费用支出应该包括在费用成本中，哪些支出不应包括在费用成本中，学术界没有达成共识；二是一些计入高校教育成本的费用支出金额存在不确定性。目前，我国高校的教学成本中所包括的各项开支，大多数都可以精确地确定，但是其中一些费用开支却很难精确地确定。比如，高校的科学教育在为高校学生提供必需的学习和面向社会的应用问题方面提供了两种作用，这种作用与培养学生的关系不大。教育成本包含在科研经费中的比重，要结合工作中遇到的特殊问题进行分析。

二、高校教育成本的计算与测算

（一）高校教育成本的计算

1. 高校教育成本核算的含义

高校教育的成本核算就是运用某种技术手段与方法来计算高校各项支出的产生与构成，从而决定某一特定人才的培训活动所消耗的人力资源。高校的成本核算由以下两部分组成：第一部分，根据一定的费用支出，汇总各种成本，并确定用于培训的实际支出；第二部分，是依据成本的目标，运用恰当的方法，确定高校的整体教学成本和平均的教育成本。

高校作为一个产业运作，其经营活动的性质决定了其成本的计算，这是由政府和市场两方面因素共同决定的。由于高校本身具有工业的经济学性质，所以高校要在教学实践中引进经营管理思想，借鉴企业的运作流程，对市场、投入产出、成本核算与补偿等进行深刻分析，以此来推动高校不断地提升管理效益。高校是以培养学生成才为核心的机构，其生产的过程与公司的产品制造有很大不同，但二者也有相同的特点，即有投入，有产出，有耗费。因此，在我国实行社会主义市场经济体制下，实行高校的教育成本核算制度，无论是对学校的微观经营还是对宏观的教育经营，都有着重大的影响。

2. 高校教育成本计算的依据

高校教育的成本核算依据是以核算的方式进行成本的计算。具体来说，可以分为4类：完全应收制、修正应收制、完全实收制和修正实收制。根据我国现行高校的现实状况，采用修订后的实收制度作为成本核算依据比较合适。

高校的基本目的在于不以营利为目的，为国家提供高素质、高技能的职业技术人员。要正确地把握财政支出的具体流向，并弄清支出的详细情况，就必须从学校的成本核算上得到结论。因此，目前高校实行的是“收付制”，其账户的设定与其相应，符合国家的财政预算管理体制，能够较好地体现出高校的实际支出状况，方便高校的主管和有关监管机构进行查阅。为实现对教育经费的核算，应按照原理设立经费支出的分类和拨付，并对其进行分类和分配。本书认为，应从现行的全面的收付实现制度转变为以收付实现制为主，同时结合权责发生制，进行会计核算和教育成本核算。

3. 高校教学成本的计算方法

教学成本核算是指运用某种技术手段与方法，对教育活动中各类成本的产生进行核算处理，并对其所消耗的人力资本进行计量。高校的成本核算就是根据高校的办学成本，利用科技手段和方法，计算出高校学生在培训期间所产生的各项成本和费用，从而为有关单位和整个社会提供准确、翔实的成本资料。高校的财务核算和其他单位的核算工作是以会计为基础的。《事业单位会计准则》在《企业会计准则》中对会计主体、持续经营、会计分期和会计基础进行了规定。会计主体对会计的时空限制进行了规范，对会计的时限进行了界定，对会计的持续性和对货币的测量进行了规范。同时，教育成本的计算也受到这四大基本假设的约束。高校教学成本的基本原理是在上述的基础之上进行的。《高校财务制度》第六十一条规定：“高校必须对所有支出进行准确地核算；不能集中的，要根据规定和标准，进行合理分配。”要保证高校的教学成本会计工作，除了要遵守成本会计基本原则之外，还要坚持下列原则：收益性支出原则、资本支出原则、日常支出与专项支出原则、成本与收益分配原则、分类核算、历史成本、成本相关性、成本效益和可操

作等原则。

（1）实行应计费的原理。

教育成本是指相应于教育开支的一种观念。教学成本的核算依据是应付款制，而教学成本的计算依据则是现金。教育成本是学校财务的一项重要内容，是由其所在的社会和经济条件决定的。传统上我国高校实行收付实现制会计准则，因而无法产生真正意义上的教育成本。当前高校的会计核算准则是实行“收、付”的，因此，各类开支的记载都是指实际的“支出”，“支出”与“成本”不相称。在“事业支出”中，有很多项要调节的因素，如：购置、修理、借款利息费、累计折旧、无形资产摊销、预提成本和待摊费用、长期待摊费用、资产减值准备金等等。由于高校和公司的情况不同，高校在培养阶段的资金和学生的培训进程常常会出现不一致的情况。通常，投资优先，培训优先，教学仪器设备、图书、房屋建筑物等都是在一段时间里一次性投资，这样的投资可以培育好几个年级，所以，一次性投资应该按一定的时间分期计入本期和后面的阶段。因此，为了准确地核算教学成本，我们需要转变现行的“权责应计法”。《民间非营利组织会计制度》于2004年8月正式施行，是我国民办教育改革的一个重要里程碑。当前《高校会计核算制度》中明确指出，高校实行“以应计制为基础”的会计核算模式已不遥远。

权责应计法是以产生的权利和承担的责任为依据的，也就是说，在这段时间里，企业的收益和支出并不以其在某一时期的实际收入或支付为特征，而应根据其获得的权利和承担的责任来确定。即：所有本期已发生的和应承担的成本，不论付款与否，均视为本年度的教育支出；任何不计入本期内的教育费用，即便已经在本期内付清，也不能视为当期的教育费用。在高校的会计核算实践中，财务科目的产生和付款的时间并非是绝对的，因此，在核算上应该采取“权责发生”的方法，才能使学校的教学成本得到更为公正、公平的体现。在实行权责应计法的情况下，企业的直接成本应当全部计入当期，但是，由于固定资产的使用年限不仅包含了当期，还包含了未来的各个时期，因此应当按受益期分期负担，不能全部列入本期成本，本期成本只能负担通过计算应由本期负担的固定资产折旧部分。实行收益与成本比例的权责发生制，对考核绩效具有重要意义。权责应付制度还可以防止由于实行现金收付制度而产生的“资产不实”现象，例如，在高校融资过程中产生的利息只能在付款后产生，而在尚未付款的情况下就成为“隐形债务”，从而使得不同时期的教育成本无法比较，进而产生了基金流动的不真实均衡。综上所述，高校应该根据收入和支付实现制度所需的基本资料，根据应用率的原理，对其进行调整，以获取其合理的成本。

（2）对收入和资金的分配进行了区分。

资本化开支是一年或更多的开支，应当按年摊销，例如：固定资产的投资所产生的支出。收入性支出是指一项支出的发生仅仅为了取得当期利润，应在当年计入费用成本的项目。将收入和资本开支分开，就是要把收入和资本开支进行合理的划分，关键是要准确地区分出哪些是应该计入的，而哪些不能计入，这样才能更好地确定本期应该分摊的各项成本。任何一项开支的利益只属于该年度的，均视为收入，并计入该年度的成本；任何与数个财政年度有关的开支，都要当作一种资本开支，并按一定比例平均分摊，按一定年份计算。资本开支的利益应在若干个会计核算年度内受益，而收入性开支的利益只能用于当前。教师工资、办公成本等属于收入性开支，但购置设备、房屋设施建设费、图书资料购置等属于资本开支。如果不把投资和收入投资分开，就会造成学校的教育成本不稳定，比如，当前国内高校把购置的设备当成了企业的当期成本，而对住房的固定资产没有进行折旧，而银行的贷款又是在一定时期内的。在会计核算处理过程中，必须坚持收入和成本的区分。

（3）对日常开支和特殊开支的区分。

专用经费是指由学校提供的专用经费。专用资金与外国高校的“基金”相似，具有特定的使用范围，只报告预算和经费决算，而且在执行中也有一定的时限。专款专用经费实行“统筹规划、分类指导、单独核算、专款专用、结余留用”的方针，例如：“985 专项”“211 专项”“21 世纪教育发展专项”。日常开支是指高校为培养学生、科研和其他有关部门所需的经费。高校的教学成本以其基本的生活开支为基础，表现为工资、办公等方面的开支。《事业单位会计准则》中明确指出：“国有专项经费，必须按照规定的目的进行，并分别进行核算。”专款专用制度的推行，能有效保障国家的宏观调控，防止资源浪费和挪用，提高资源利用的有效性。在专款的使用中，一定要严格落实“两条线”制度，保证经费的正常运转。

（4）成本和收入比例的分配。

成本 - 收入分配原理是在未来一个会计周期中，收入和有关成本的分配比例，包含 3 个层面：一是因果比例，也就是报酬和相应成本的比例；二是

时效性，也就是将某一阶段的收入与同一时段的成本进行比较；三是目标比例，也就是每个收入目标的成本比例。按效益和成本的相关程度，可分为直接配比、间接配比和周期配比。所有与各种收益有关的成本，如材料费、人工费等，均可以直接按比例直接进行核算；对于与收益无关的非直接费用，按照规定的方法进行分配，将其划归为某种类型的费用；对于在一个会计年度内产生的经营成本，应当按照年度配比的方法，计入本期成本。教育成本的计算原理是受惠的目标比例，即各学科间的教育成本分配比例。即，在分配的过程中，要实行“由人受益、由人来承担”的方针。核算比例与应付款原则是互补的，即以权责发生制度为核算依据，与相应的收入应该是互相匹配的。按照比例分配的原理，会产生待摊费用、预付费用等会计要素。

（5）按类核算的方法进行分类。

高校有哲学、经济学、法律、教育学、文学、历史学、工学、农学、医学、艺术学等学科类别，又有博士生、硕士生、本科生、专科生等不同层次，高校向不同学科类别、不同层次学生提供的教育服务是不同的，由此而产生的教育成本也不尽相同。为此，高校要根据不同学科类别、专业、不同水平的不同学生，设立不同的教学成本明细表，将高校在一定时期内提供教育服务时所消耗的所有教育资源价值进行归集和分配，计算出每一个学生接受一定时期的教育服务而形成的教育成本。与此同时，对各类院校而言，也应采用相同的教育成本核算方法，将高校在供给的过程中所耗费的各种资源进行集中配置，以此来得出与之相对应的学校的教育成本，实现同一口径的水平对比。

（6）按历史成本的原理

历史成本是指学校所有的资产和材料都要按照所获得的实际成本，也就是按照所获得的各种资产和材料的价值，按照某种方式将其纳入教育成本中。由于价格变化无法真实地体现出其实际价值，因此，采用历史成本法可以确保其成本的可比性和真实性，且易于获取。根据这一原理，校方不得对其资产进行账面上的重新评估。但是，从经济学的观点来分析，由于历史成本原理并没有能够真实地体现出资产的真实价值，从而造成了所得到的教育成本与现实的差距。

（7）成本有效性的原理。

关联原理包含了成本资讯的有效性与及时性。有效性是成本核算为管理人员提供有效的成本管理、预测、决策等方面的有效手段。而及时性则是指获取资讯的时机。及时的反馈，能够使工作得到快速的改善。高校成本核算中的关联原理，其首要目标在于区别与教学成本相关的各项费用，所有涉及培养学生的费用都要列入其支出中，而与其不相关的费用，则不得列入其核算范畴。鉴于目前高校的经营状况较为错综复杂，如何合理地区分哪些与教育成本相关的支出，对准确测算教育成本有着重大的现实指导作用。

（8）成本－效率和操作的原理。

从高校自身角度看，既要注重经济效益，又要注重社会效益。高等教育的成本管理与核算绝非被动的约束与监控，应对其进行有效的引导与协同。高校在这一过程中，应尽量降低各类非必要支出；同时，为了保证高等教育的教学品质，应对其进行价值工程的研究，以发掘其潜能，降低其投资成本，实现经济效益与社会效益的双重提升。在高校教学成本的核算工作中，“成本－效率”是指高校在编制核算时，应力求做到最简单、最经济、最小化，这样才能达到最好的效果。获取高校的教学成本，必须要支付相应的成本，而当其所提供的教育成本的信息值低于其所支付的成本时，所建立的教育成本核算系统就毫无疑义。教学成本的可操作性原则，在建立教学成本的过程中，既要注重最好的方法，又要注重实际操作。建立起来的高校的教育成本核算制度，在实际操作中缺乏操作性，或操作难度大、实施难度大等问题，是没有实际意义的。如果与教学成本相关但无法完全计入核算成本的无形资产分配，则需要采用可行的方式来进行计算，使其能够更好地分配。

4. 高校成本会计的基础

高校财政开支不全是按教育成本进行的。教学成本的核算与普通的成本核算和高校的日常支出是有区别的。由于学校的教育经费并非全部用来进行教育培训，例如，不担负教育、教学工作的退休职工的薪金及其他开支，应当归入学校的教育成本中。

（1）确定教学成本的计算目标。教育成本会计目标的确立，即体现了核算科目的最终归宿。成本的归责主体应该是教育资源消耗方。

（2）确定教学成本的核算期间。成本核算期间应当与“产品”的制造周期相适应。因为高校的主要“产品”的生产过程，是按教育制度来决定的，因此，教育成本的计算期限应当是指的是教育的年限。鉴于培训的时间通常比较漫长，将其当作唯一的成本计算时限也不能有效地对其进行成本管理。

鉴于高校学生学期、学年活动的规律，采用学期或学年作为成本计算周期较为适宜。

（3）制定学校成本支出的规模。在教学中，教学成本的计算是一个重要的环节。在实行“按收益分摊”的基础上，要对各类成本进行适当的分类，并按照“按收益分摊”的方法进行分类，使其在收益期间的收益主体能够得到适当的补偿。任何因当前成本而产生的支出，即便已付清，也不得计入当期成本；在不同的成本目标中，应该按照成本效益的原理进行成本管理，并根据不同的成本目标是否获益或没有获益的大小来进行分配。无利益方不承担成本，利益共享。特别是对4类收费进行了界定。

①明确各项支出的界限，明确各项支出的范围。在对学校进行教育成本核算时，必须从其内涵出发，明确学校所产生的各种支出是不是应当纳入其教育成本之中。

②对收入和资金成本进行了界定。学校开支中，收入性开支是学校在建设中所产生的各种经常开支，如人事开支和公用开支；资本开支是为了取得固定资产、无形资产等长期资产所产生的开支。

③对应当计入和不计入的支出范围进行区分。高校费用支出主要有教学支出、科研支出、基础设施支出等。高校在教学中所投入的各类资源，只能在教学过程中被用来进行教学。

④对应计入与不能列入当期教育支出的支出进行了区分。根据应计制的需要，在各个时期内，分别计算成本。实行“权责应付”制度，才能对各项目的收益周期进行精确的区分，并根据“受惠者承担”的基本原理，对我国的高等教育发展进行了科学的核算。

⑤将各个成本目标的成本范围进行了区分。要准确计算各专业、各年级学生的教学成本，就需要根据收益的原理，将各成本目标中的各项成本进行分类。

（4）对教学成本支出的详细记录。每一个教学成本目标的成本金额都要按详细的成本和支出进行分类。所以，在教育成本的核算过程中，一定要按照一定的成本科目，为每一个成本的核算单位建立相应的成本分列账户；应当按照各类成本单据，采用恰当的核算方式和核算方法，准确地记录各类成本支出，真实全面地反映出学校各项支出的费用，从而得出各个成本的支出金额。

（二）衡量高校办学成本

高校的成本计量既是为了增加学校的资金使用效率，也是为了实现各种成本分摊的目的。通过对高校办学成本的测算，可以为高校的收费和财政补贴制定一个重要的参考和手段。

1. 高校的成本核算特征

高校的成本测量存在着一定的不确定性，其具体体现在 4 个层面。

（1）成本组成项不明确。关于教育资金的成本分类问题，目前学界仍存在分歧，没有一个明确的标准。

（2）成本核算金额不明确。由于各种成本的计量方式和使用的标准存在着一定的不确定性，致使一些成本的核算变得很困难。比如，高校的科学研究既可以为教育事业，也可以为人类的发展提供科学依据。

（3）成本准则不明确。目前，我国高校在培养高素质人才的过程中，还没有一个统一的规范，对培养学生所需的软硬件装备也没有一个统一的规定，而对培养的成本定额也没有一个清晰的界定。

（4）共享成本分配不明确。高校教育合作性强，资源共享性强，公共开支也多，这使得教育成本比物资制造公司更加难以计算。如图书资料、体育设施等是公共支出，其分配方式是否科学、合理，将直接关系到其核算的精确度。

2. 衡量高校成本的途径

目前，我国现行的高校教育成本测量主要有 3 种方式。

（1）采用统计学方法进行调查。统计调查是通过对现有的财政和抽样的研究，对其进行合理的调节，从而得到高等教育的成本。当前关于教学成本的调查，通常采用这种方式获得有关的资料。

（2）按比例计算。目前我国尚未对教育成本进行核算，但各地高校均有其财务报表。通过对现有的财务报表进行适当的调节，可以将其转化为教学成本的资料。这种研究方式在某种程度上类似于统计学研究。在统计调研中，若以账务记录为基准，而在将调查资料转为教育成本时，采用的是以成本为衡量准则，两者所得的结论大同小异。所以，在不进行教育成本的计算时，要得到比较系统、准确的教育成本资料，就可以采取这种方式。

（3）财务处理。教育成本核算是利用会计系统，通过设置、登记账簿，记录教育资源的耗费，计算教育成本。学校的教学成本是建立在账册上的。

所以，如果要对教学成本进行系统而准确的计量，则通常会使用这种方式。

3. 高校教育成本测算的研究

（1）由于核算依据的差异，造成了成本核算的口径和计算方式的差异。首先，为了区分资金支出和收入，购置大型装备购置费、基建成本（包括大中小型维修项目），不能一次全数算进当年的成本，而要按一定的折旧和摊销方法计算。其次，按照现金支付机制，将退休人员的资金纳入职工的开支中，但是，在核算教育成本时，人们普遍认为，由于与培训进程没有关系，所以，“五险一金”的开支应当作为培训的成本来核算。新的高校财政体制将会使这一问题得以有效地解决。

（2）各种成本的分类使成本难以计算。由于资金的使用是根据目的而不是根据开支的流向来进行的，从而影响到成本的收集与配置。比如，把教师的研究资金归入了学生的教育成本中，而高校的研究则主要是一个学生的成长。普遍的看法是，科研是教学成本中的一项直接支出，科学的研究使教学质量不断提升，教学方法和内容不断丰富、不断更新，所以，这必然是一个必要的教育成本。而在科研项目中，如何合理分配学生的教育成本，必然会加大其成本测算的困难。

（3）不同层次和专业设置的换算比例不同。现行的核算方式是：不能根据成本的不同目标进行核算，也就是不能单独核算专科生、本科生、研究生的培养成本，所以在核算生均成本时，分母采用折合标准本科生人数。这个换算方法是否合理，若无根据，也无更好的选择，则急需检验与研究。

由于目前国内尚无可供参考的教育成本计算数据，因此，在实践中常常采用现行的教育资金统计数据和有关数据来估计其成本。本书认为，运用教育基金的数据和有关的数据来进行教育成本的估算是有可能的，但是由于其成本是一种估算成本，不可能完全精确。从教育成本资料的品质需求来分析，其目的在于确定各层级的收费标准、拨款依据，让学生和父母知道其成本，并为校方内部的成本管理等。

三、新财政体制下高校成本运作的机制分析

高校的教学成本核算范畴是一种多职能的、综合性的、多层次的核算方式。高校在新的财政体制下，高校的成本核算工作是一个复杂的系统工程。

（一）全面、深化高校财政新体系的推行

近几年，我国高校越来越重视本校的财务核算资料的精确性和透明性，尤其是有关成本的生均教育成本核算问题。采用权责发生制的高校财务管理，可以更准确、更全面地反映出学校为学生提供的教育服务所消耗的资源，更好地实现对学生的投入与产出比例的匹配，使其更加准确、真实、客观。《高校财务制度》（下文简称“新制度”）在 2013 年实施后，从应计制的需求和方便成本计算方面，新增了下列条款。

1. 确定了成本的定义、计算方法和成本的构成

高校经费是高校在开展教学科研和其他各种业务中所产生的各种资源消耗与损耗。对成本的定义是进行成本核算的依据。在采用应计法的基础上，按一定的方法对各类开支进行分类，是进行核算的必要先决条件。高校的经费开支应该分成两类：一是资本开支，二是收入。学校发生的收益性开支计为成本，已发生的资本开支按成本法分期列示。固定资产的折损主要是指高校固定资产的折旧及无形资产的摊销。

2. 成本核算的方式和构成更加清晰

成本核算的程序实质上就是把成本集中并向成本目标进行配置。成本核算是把高校各项经营活动中产生的各项支出，按核算目标进行归集、分类，从而得出当前的各项成本总和单位成本。根据成本的使用情况，分为教育、科研、退休、管理和其他支出。并将教辅成本的构成要素划分为人员支出、公用支出和资本性支出，并将教辅成本和学生事务成本纳入教学成本中。教育费用是高校在教学、教辅、学生事务及其他教学工作中所产生的人力费用、公用费用和资本性支出。教育费用等同于培训人员的成本。

3. 关于管理成本的其他相关条款

（1）明晰学校管理费用构成，其中包括：高校行政管理部门发生人员经费、公用经费、资产损耗、工会经费、诉讼费、中介费、印花税、房产税、车船税等。将行政成本和其他时间成本合并到一起，便于对经营成本进行有效的管理和控制。

（2）分离“退休支出”。离退休经费是由高校承担的各种有关的养老保险、福利支出。高校具有一定规模的人才资源，而且对其要有一定的保障，把它纳入行政费用中，必然会增加费用，不能真实、客观地体现企业的经营成本。

（3）其他费用系指高校不能列入以上费用的其他费用，如学校对附设机

构的补助、上缴上级费用、财务费用、捐赠支出等。

（二）逐步完善成本综合控制制度

高校应像重视教学工作一样，实行成本综合控制，实行专业化经营与大众经营相统一的方针，形成全员成本控制的网络，把成本管理渗透到高校教育教学管理的各个方面、各个环节，真正形成人人关注成本、人人控制成本的新局面。

1．设立明确成本管理责任的专业部门

高校财政要建立财政成本管理科，建立健全财政支出管理机构，并建立健全财政支出管理体系，并及时上报财政收支情况，为财政管理等方面的工作提供科学依据。在垂直方向上，应建立校、院、系3个核算系统，并以院为基础核算，对设备折旧、物料及低价值易耗品的折旧及费用成本进行核算与管理。从水平上看，要加强对学校财务、财产和物资的管理，加强对学生的成本观念，并制订相应的配置规范。

2．制订综合成本管理的实用办法

从成本管理的观点来分析，造成学校成本高、效益低的原因，除了成本观念的缺失之外，还有责任不明确、措施不力、管理不严等。高校要解决以上问题，建立一整套的成本管理保障制度，实行多层级的费用成本目标责任制，层层分解，建立纵向分解落实到学校内部有关部门、纵向落实到教研室及教师个人的管理网络，并把成本管理目标责任制同经济责任制挂钩，实行责权利相结合的原则，把目标成本完成好坏与经济效益结合起来，奖优罚劣。

（三）在所有层次上实行财政费用的工作体制

尽管政府、教育机关、教育机构为了增加教育经费的效益，采取了很多措施，进行了大量的探索，包括规模效益、合并效益、经费支出绩效评估等，然而到目前为止，我国高校教育经费的运作还没有建立起来。

1．明确学校的成本核算责任，强化学校管理

如果不从规范成本、核算成本、降低成本入手，就像“无本之木”“无源之水”。为此，教育部提出了在高校行政机关内部构建高校办学费用的工作制度。例如，教育部财政部门成立了高校的教育费用核算中心，而省教育厅的财政部门则指定专门的人员对其进行核算处理。并对各大学进行了费用控制。例如，可以在全国范围内推行学校的教育费用核算制度改革，使其在

全国范围内得到推广，从而加速我国高校的办学成本核算工作。

2. 增加学校教育教学成本的评价标准

高校提出了建立高校的教学成本评价指标，增加其权重，以强化学校的节约意识，推动学校的财政管理科学化、规范化，优化配置教育资源，提高办学效益。它对于改进和强化高校的行政工作、节省经费、预防或减少损失、浪费现象、增强学校自身的发展水平具有重要的实际作用。

第二节　高校的财政管理

高校的成本管理是一种有意识地进行成本控制以达到其成本目的的一种行为和程序。其目标在于降低办学成本，增加办学资金使用效益，为多出人才、出好人才提供财务保障。高校教育成本管理是指在学校的经济活动中，对高校教育成本进行预测、规划、核算、控制和评估的一种有效的管理手段。其中，成本控制是学校经济控制的基础，是现代成本管理的核心，应贯穿经济业务的全过程。在成本管理方面，要以系统的管理作为出发点，以院、系或部门为成本责任核心，对整个过程进行约束、调节和及时调整，确保成本计划的顺利实施。

一、高校教育成本管理概况

（一）高校管理成本的含义

“控制”这个术语通常被认为是掌控与约束。美国旧金山高校的管理与行动系的专家海因茨·韦里克指出，控制是一种测量和纠正业绩的方法，从而保证企业的目的和制订的计划可以达到。在经济领域，陈元燮（1990）提出，控制是一种有组织性的活动，它能根据特定的情况和预定的目的，对某个进程或一连串的活动产生作用，从而实现预定的目的。罗绍德（2005）将成本控制定义为“根据预定的成本目标，严格计算、分析、调节和监督构成商品成本的所有制造成本和运营成本，以便发现实际成本和费用与目标的差异，并通过有效的措施确保实际成本和运营成本不超过预定的限度”。

高校教育成本管理被普遍地理解为管理人员利用财政预算外的方法来规划和调节教育成本，并使之真正地朝着期望的目标发展，从而保证教学、科研和管理的顺利进行，保证了高校学生们的切身利益。如果能有效地管理好高校的支出，就能让高校的经费得到充分利用，从而保证学校经费的有序和效率。但是，不能对成本进行管理，不对预算进行分析，不去做相关方面的干预，就会导致经费的滥用，从而降低成本效率，进而对高校的正常发展产生不利的作用。

（二）高校管理成本的基本要素

成本管理是一个综合的过程。高校的成本管理主要包括 3 个方面。

1. 前期成本管理

事前成本控制又称为“成本规划”，是指制定出一种科学的目标成本规划，并以一种预设的方法来实现对经营成果的目标进行管理。成本预算是建立在成本预估之上的，它是基于高校的经营目的、现实情况以及相关的史料，运用一种比较科学的方法来进行成本估算，从而为制定成本规划奠定基础。在本质上，成本规划是人力、财力、物力的最优分配。

2. 管理过程中的成本

为了保证教学目的的达成，必须注重对教学活动中的成本控制，使成本的管理贯穿于教学活动的各个环节，也就是要做到对高校学生们进行良好的成本控制。一般做法：一是规划分解，即把成本控制的指标细化到各个部门、各个岗位、各个阶段、各个环节，让各个部门和各个岗位的负责人和相关职工都清楚明白，把成本管理和自己的切身利益联系起来；二是事件中的剖析，如每日报表、旬报表、每月报表的成本剖析、每日的例行巡查、每日的资讯交流。

3. 成本的事后管理

事后成本管理是指利用成本核算方法对财务报告和其他途径所产生的资料，采用成本分析方法，在每一周期（通常为一年结束之后）或确定一项（通常为工程竣工后）进行综合分析、评价和考核，以总结经验、发现问题、并制定相应的防治对策、控制手段，主要是为了应对实施效果与规划之间的差异。依据偏差的程度和可控性，可将其分为两类：一是调整预定对象；二是调整投入标准、质量、数量、人员、财力、物力、信息和系统的架构，改善系统的控制力，从而达到预期的成本需求。

（三）高校管理成本的基本原理

1. 注重素质教育

实施高校成本管理，最终目的在于使高校的经费能够更好地投入人才的培养和教育之中。高校实行成本控制，不可因为盲目地压缩成本而放弃对教育的投入和质量。另一方面，应合理地调控管理和其他附加支出，使经费能够更好地集中在提高教育和教学的水平和提高整个社会的综合素质。只有如此，教育成本的管理目标得以实现，高校教育质量也得以持续提高。

2. 综合成本控制

要提高校师生的节约意识，在教学中降低不必要的支出和损耗，提高高校教育的成本利用效率。这个项目并不是某个部门、某个人需要去关注的问题，它涉及整个高等教育部门和所有人，因此，在每个方面都要做到事半功倍，这样的话，整个高校教育的成本效益就会得到最大化。要实现这一目标，高校要实行分层次、归口管理，由专业人员对教育成本进行统一管理，并将其按照不同的业务类别归口到相关职能部门，建立高校教育成本管理制度，实行高校教育成本管理责任制，从纵向和横向把好教育成本管理关。

3. 最佳的收益

高校的成本管理要做到既要兼顾社会效益，又要兼顾经济效益。许多人都以为，高校所追求的利益只能是单纯的社会效益，而一味地追逐经济效益，则偏离了它的本质，导致了高校学生在接受高等教育的权力上的不公平，导致了高校的实用主义趋向偏离。然而，现实情况却并非如此，高校同样也要追求经济利益，但并非要求高校必须以盈利为目标，而应以已有的投资来实现其最大价值。目前，随着市场经济的发展，我国的高校教育已进入了普及化的发展，政府对高校的投入远远不够，而高校的经费运行又出现了严重的问题，一些高校甚至开始借债办学，加大了财政的风险性。如果高校仍然固守传统，其社会价值也就形同虚设了。为此，必须以经济利益为目标，以达到高校的社会福利最大化为目标，从而达到高校的可持续发展。

4. 特殊情况的处理

在国外，特殊经营是一种常见的经营控制方式。高校的成本控制必须引进特殊的管理手段，以便于细化和侧重，首先要处理好高校成本中的“例外”问题，否则，一板一眼、按部就班，必然会导致高校的行政效率低下。高校成本管理“例外”问题有 4 个方面：第一，成本支出与预算差异很大；二是

高校在短期内必须花费较大金额的经费，例如购置一些教育教学设备；三是与高校教学品质密切相关的问题，例如引进师资成本、新学科建设成本；四是对于高校而言，一些较为严肃的问题，比如如何应对高额的高校的收费问题，以及如何应对高额的高校的借贷问题。

二、高校成本评估与剖析

（一）以目标成本为基础的教学成本业绩评价

为有效地利用高校教学资源，以最少的投入获得最大的效益，高校要根据自身的特征，借鉴已有的企业普遍采用的目标成本管理办法，制定一套科学的成本控制体系。做好定期的成本绩效考核与评估，是现代成本控制的重要内容及主要环节之一。

1. 制定工作成本指标

高校实行成本管理责任制，其核心是制定各个工作岗位的成本指标。成本指标是制定成本的标准，是实现成本管理的主要途径，也是对实际的能源消费的计量基础。标准不仅指仅根据一般情况制定成本指标，而且在制定时要保证其相对稳定。制定高校成本指标的总体流程是：

（1）计算出可供分配资金的年度资金来源，可以自由支配的资金和财力。将所有能够实现的、稳定的收入都计算出来，计算出高校的收入，在扣除了基础设施建设和研究服务方面的支出后，下一年能够投入的资金总量。

（2）对年度的全部成本进行估算。首先，各高校根据所规定的人数，来计算在校学生总数。其次，在不考虑专职科研人员、服务人员的前提下，测算师生比与教职工（不包括退休人员）的薪酬。最后，对平均生人均成本进行测算。同样，也可以计算平均生均成本、生均业务成本、生均维修成本、生均折消耗支出等。

在此基础上，对人均公共服务支出进行计算。

第一，按照前几年的经营状况，按照一定的比率将高校学生们平均公共服务成本划分为教育用生人均公共服务成本和行政用生人均公共服务成本。

第二，按照规定的比率分配各种教育服务，教育活动中的生均公共开支成本就是生均行政成本。

将上述各项按成本项组成累加后，可以计算出平均生、全部学校的总成本。在此，整个高校的教学成本，若超过了每年可供教学活动的总成本，则按以上各项生的平均成本标准来调整。用这种方式可以计算出下一年度的全部教学成本，也就是整个高校明年的教学成本的最高限额。

（3）按年度的总成本划分。第一，按照预算等相关文件，将明年的高校教学成本目标细化到各职能机构，然后，按照每年的工作计划，将成本分配给不同的部门。

鉴于高校的教育成本度量特点，很难制订出一个具体的目标，因此，要把整个成本的总体指标划分到每个工作岗位的成本指标，这个指标的合理性，还有待进一步的探讨。在制定程序时应重视下列两个方面：第一，技术上仅适用于一种直接制定目标成本的办法，而企业可以采取两种方式：一是制定目标成本，二是制定目标收益。第二个是制定程序的专业化与大众的融合。在涉及的各个领域，通常都是以财政为主导，从教学、科研、人事等相关方面进行选拔，而他们对高校教学成本也较为了解。

2. 教育成本控制绩效的考核与评估

成本评估就是对企业的各项成本指标进行周期性的评价与汇总，从而促进企业的各项成本管理，从而达到更好的控制目的。对目标成本的评估要与责任相统一，对其绩效评估也要进行分析和评估，以得到最根本的评估。这主要是由于评估仅注重减少成本，而评估更注重于增加教育收益。减少的成本并不等于增加了收益。此外，由于高校管理成本管理的成效较一般企业容易，因而难以进行评估。高校的输出以其所能供给的教育为主导，而输出的产出中，除少数的一些经济因素外，大部分都是教学所产生的，若一味地模仿企业的经营模式，将教育指标倾向化，必然会造成极大的误差。

利用模糊数学对高校教学成本管理的效果进行评价，可以将其应用于高校教学成本管理中。模糊综合评判的主要思想是：第一，根据行业特点和群体特点，组建一个专家小组，负责进行成本评定；第二，由专家小组就各项成本评定的各项指标和权重进行评审，并在他们的协助下将该指标系统建立起来；在此基础上，建议专家小组对如何落实好高校的教育成本管理制度进行深入调查，并将其与评价指标相联系，进而对其进行全面评价。在进行评价时，首先对指标系统中的最底层进行模糊综合评价，再由各层级依次递增，直至对第一个指数进行模糊评价，得出总评价。

（二）高校的利益探析

1. 高校经营利益的理论基础

从近代经济的角度来看，高校的出现和功能与外部特性有着紧密的关系。一方面，它具有积极的外在特性，通过连带和非排他性的作用，为整个社会输送优质的人力资源，使其符合整个社会的普遍利益，从而推动社会的发展；另一方面，它能够有效地消除负面的外在因素，均衡社会的各种偏爱，消除“市场失灵”，从而达到社会的公正和公平。另外，高校是一个能够达到最大限度地分配资源的组织，它的出现将会使人们获得有关公众利益和外部利益的资料所需要的交易和协商成本。因此，从整体上看，高校的设立是要把整体的教育成本降到最低。高校应以降低其与社会交往为目标，以降低其所需之成本。在高校里，要想实现真正的“成本”，就必须对“直接成本”和“间接成本”“业务成本”和“非业务成本”“必要成本”和“关联成本”等问题进行了梳理。如果能够让这种可操作性的机制成为一种制度的规范来限制他们的行动，那么这种资源的消耗就会大大降低。

2. 高校教育收益的研究

高校的效益是确保高校教育的目标取向正确，为高校的发展提供了良好的效果。在这种情况下，高校的投资就是学校的成本，而高校的效益可以表示为：学校的收益 = 学校的产出 / 学校的成本。

三、高校成本管理的途径和内容

（一）高校成本管理的途径

成本管理是高校实施成本管理的一种有效途径。当面对同样或相似问题时，在不同的成本管理过程中，成本控制的方式也会有差异；在同一阶段，由于成本目标的差异或管理需求的差异，成本控制的方式也会有差异。所以，在实施过程中，如何通过合理的方式加强高校的成本管理，实现企业的成本管理更加全面、及时，从而达到用户对高校的要求。成本管理的内容包括：

第一，建立全面的成本管理体系，需要科学、合理的控制；

第二，要构建一个成本控制与责任相结合的系统，明确合理的工作机制；

第三，要健全专门的成本管理监管制度，以达到有针对性的目的。

（二）高校管理成本的因素

同企业成本控制一样，高校成本控制既是高校内部控制的内容之一，也是高等教育管理体系的有机组成部分。高校作为一种有着特定运作规则和经营需要的机构，应该以《企业内部控制基本规范》《行政事业单位内部控制规范（试行）》为基础，同时要符合高校自身特点，符合高校教育发展的规律与要求。高校的成本管理因素包括：

1. 对周围的控制

（1）成本管理体系的基础情况。成本控制系统是由高校内部的一些部门（或作业中心，以下简称作业中心）组成的，并采用一套相应的控制手段和方法来调节各个岗位的成本指标，从而达到所期望的成本水平。

（2）建立健全的成本管制制度。建立起成本管理体系，是实现成本管理的根本。构建高校成本管理体系的核心问题是：一是要在各业务机构间构建起有效的沟通协作与联系；二是要在决策、执行、监督等方面构建一种高效的成本控制制度；三是要在决策机制上，实行岗位责任制和内部监督机制。

（3）成本体系是否健全。要想有效地构建和完善企业经营体制，必须要有良好的成本运行机制。

2. 职业和管制

（1）对工作进行成本的估算与管理。高校经营活动的成本概算，是指各单位独立的成本概算，以体现某项业务所需的人力物力。

（2）财政收支的管理与控制。对高校经营的开支进行控制，是掌握其经营成本能否依照核准的成本进行的重要环节。

3. 交流和监测资料

信息交流与监测是高校成本控制工作的一种强有力的方法，它可以实现对全成本的实时传输与交流，并在适当的时候提出补充、修改、调整、废止等方面的管理意见。

四、高校成本管理的一般准则

（一）对高校成本管理的基础性规约的必然性

高校的定价能力并非基于其自身的规模优势，而在于其成本控制能力的持续提升。因此，要提高高校的定价能力，唯一的办法就是实行标准化的成

本控制。

第一，要从总体上、从制度上考虑到成本管理的标准化，确保成本管理不会成为一种形式主义。标准化的生产成本，并非追求单一的工作或生产过程中的投入，而在于确保在整个生产过程中，以最大限度地减少生产过程中的每个工作环节的投入。企业是一个有机的组织，在进行成本管理时，不能只盯着部分核算。只有实行标准化管理制度，方可防止局部小账、大浪费现象发生。

第二，为了防止一蹴而就的事故，必须采取标准化的办法来控制成本。良好的成本管理思想和技术手段，应该以一种既定的制度和标准，把它作为一种预先形成的契约，对每个人都起到一定的制约，从而使其从上到下得到充分的执行。很多企业的成本控制都很差，就是因为他们采取了一系列的管理措施，领导们的意见一少，他们的成本控制就会消退，他们的浪费就会重新出现。

第三，建立成本控制和奖励制度是影响企业效益的重要因素。而这样的成本控制激励，如果不进行标准化的成本管理，不能够对其进行有效的制约和激励，从而使其成为一股能够自我发挥的动力。

第四，为了确保持续改善的成本控制效率，必须将成本管理标准化，并将改进的流程和管理方式作为成本控制的基础，以确保有效的成本控制手段能够在企业的运作中得以实施。

第五，为确保企业的各项成本控制体系能够真正落实，就需要让所有的职工都认可并积极创造性地实施。同时，也唯有通过标准化的经营，确保每个人都从心底认可这种体系，从而将企业的成本控制从外部的限制变为自身的控制。

（二）高校成本管理的一般规定

高校教育成本控制的基础准则是制约、评价和指导教育成本的一套基础性准则。

1. 高校的基本成本管理准则特征

尽管高校的成本控制在一定程度上体现了高校的财务成本管理的共同特点，但普遍的看法是：高校的成本管理制度之所以有其特殊之处，在于其所具备的一定的经济和社会效益。因此，我国地方高校的成本控制基础也不能完全依照高校的财务成本管理模型来进行。具体而言，高校的成本管理的基础准则特征主要表现为其自身的特性。

2. 高校成本管理的基础性准则

在建立教育成本的基础上，建立起高校教育成本的基本准则，对提高教学成本的质量具有重大的现实指导意义。成本管理的基础是高校成本核算和成本评价的基础。对高校的实施效果进行评估，需要对其进行全社会的评估。

（三）关于地方高校成本管理的基础性准则的探讨

1. 提高成本意识

创新的代价概念主要有两个方面：

（1）成本 - 收益的概念。

（2）成本动机的概念。

2. 引进了操作成本计算

“产品消耗作业，作业消耗资源”是作业成本法的核心所在。作业成本法特征主要有两个方面：第一，以工作为中心，把成本计算向操作层面延伸；第二，在管理过程中，应该采用“按因”的方式来进行，这就是根据造成的各种成本的动机而进行的，并对最终的生产成本进行了跟踪，从而减少了计算与现实的偏差。

3. 建立一个成本控制系统

一系列的成本管理行为标准组成了成本管理基本规范的完整体系。首先，从法律规范上讲，成本控制系统包含了相关的法律和教育性的规定。其次，从管理的理论和标准上来说，成本管理系统包含成本管理的目标与原则、成本管理要素、成本核算的基础条件以及成本管理的流程和方式。在技术层面上，本系统包含了对实际操作中的成本核算的要求和准则、方法和程序，以及成本管理的职业道德准则等。

五、高校成本管理的现况

（一）实行“统一领导，集中管理，集中核算”的财政管理体系

“统一领导、集中管理、集中核算”是指在校领导（或院长）统一领导下，由学校的财务部门集中管理，不设二级核算单位，统一财务收支计划、财务管理制度、预决算、资源配置。在此基础上，学校要确立和完善高校校长的经济责任制度；根据高校的不同层级，建立各部门、单位负责人的财务、

财务人员的责任制，建立多层级的财务问责制度，把财务工作的责任层层分解并落实到校内各部门、岗位直至个人。到现在，大多数高校都建立了校长、分管校长或财务总监、财务总会计师和下级主管等多个层级的财务管理责任制，财政“一支笔”的财务审核机制。

（二）实施财政全面核算体系

在高校进行各种经济行为的前提和基础上，财政收支核算是高校的一种基本手段。既要体现出本学期的具体工作和所要实现的发展目标，又要体现出高校的发展战略和发展的目标。从中华人民共和国成立至今，政府的预算编制过程主要分为3个时期：第一个时期是建立后30年，所有的教育资金都是政府提供的，而预算只体现了一项政府资金的收支情况，因此，它在很大程度上影响着政府对教育资金的管理。第二个时期是由政府统一的资金拨付到统一的财政资金。十一届三中全会以来，随着我国高校教育在某种程度上实现了自主办学，财政收支趋于多样化，财政支出也相应增加，为强化财政收支的监督，制定“校级预算”，建立起全面预算的基础模型。第三个时期是全面实行财政总预算，明确了集中统一、大收大支的基本方针，并对高校财政的运行起到了一定的规范作用。

（三）地方高校管理成本中的几个问题

1. 缺乏对高校成本管理的认识

由于我国现行制度的制约，地方的高等教育机构大都受到传统制度的制约，认为高等教育仅仅具有社会效益而无经济效益，因而对其进行了简单的管理。尽管我国每年都在加大对大部分高校的投入，或者在部分院校投入了大量的资金，但是在教育教学中，高校学生的素质并不理想，这就造成了部分高校的办学效益和社会效果并不理想。造成这种现象的主要是由于部分高校的行政人员对成本的管理缺乏认识。

2. 没有形成一个有系统的成本管理概念

当前，国内大部分地方高校对学校成本管理的认识尚处于摸索的过程中。通常，高校的成本管理不能简单地遵循高校的成本管理观念，盲目地减少成本，而高校的低成本并不代表就能改善教育的教学品质。

3. 财政等职能部门没有充分利用其成本管理功能

目前，我国高校财务工作主要从事财务收支、会计报表等功能方面的工作，并未涉及财务成本的控制，因此，目前的高校财务工作已不适应当前高校财务工作的需要，未能充分发挥其在高校中的作用。而目前，由于我国高校财政部门的人才构成不够健全，其专业知识的理论已经不能与现实相结合，难以在实践中运用新的成本控制思想和手段，更不可能从成本合理化的观点来为高校的发展提供可行的参考意见。

（四）提高地方高校的办学水平

1．改变经营理念

高校的管理者要转变过去在计划经济时代所形成的“等、靠、要”的思维方式，对高校学生的成本管理进行心理上的调节，建立符合市场经济规律的成本管理理念。第一，要确立高校作为学校的经营主体地位。在成本控制中，高校的各级领导班子和全体教师都是最大的负担。第二，要有一个运营理念。高校的经营理念是高校的一个重要内容，它的关键在于高校要有一个良好的成本－效率观念，减少开支，提高效率。无论是高校基本建设、维持正常运转、科技成果转让、与高校开展业务往来等，都要顺应市场经济发展的需要，以高校管理为核心。第三，要有竞争力的观念。当前，高校之间的激烈角逐已经成为教学质量、人才培养质量和服务社会的强弱的较量。要想吸引更多优秀的人才进入校园，就必须以有限的财力、物力和人才为其服务。

2．完善的组织结构

在转变广大教职工观念的基础上，学校必须建立健全成本核算、成本控制和成本管理的组织机构。

（1）明晰高校的成本管理体制。通常情况下，高校财政工作的主要负责人是学校财务工作领导小组，具体负责成本管理。其他人员包括财务专家、院长及各院系主管，并负责高校的成本控制及成本管理，并对年度预算、决算进行审查，并督导实施。

（2）明晰财务部的成本会计功能，增加相关的成本核算，并负责核算和成本报告的编制。鉴于当前高校尚未对其进行全面的成本核算，因此，可以根据现有的会计体系对同一成本进行记账，并根据成本管理的需要进行相关的记录。

（3）将审计部门的成本和支出进行审核。在把教育成本列入高校校务工作的同时，高校校务部门也要积极配合，使其更好地运用到成本控制中去。审计工作包括两个方面：一是对高校的教育支出；二是对专项资金的监督。

审核的焦点在于审核合规性、合理性和有效性。对校方进行内部审核，就如何有效地降低教学成本提供意见和对策。

3. 在管理和成本管理中实现高校的协调作用

要实现高校管理和成本管理之间的协调作用，实现资源的最优配置，从而实现高校的成本管理。

（1）设立大型贵重仪器设备的管理部门，实行部门之间的成本共用，从而减少高校各个部门之间的资源浪费，从而增加设备的使用效率。

（2）争取或努力建立校际、校企、校所设备、电子书籍等资源的交流与共享。

（3）提倡高校教师跨学院授课，充分发挥现有教师的潜能。

比如，依托教学科研与经济一体化的平台，可以避免闲置资产，充分发挥教师的工作热情，加快科技创新和科技成果的转化。在整合平台开发过程中，及时传达相关的市场资讯，创新人才培训方式，及时调整和完善专业设置与课程体系，提高教师的专业实践能力，并突出专业教学实践的特点，从而实现了一个良性的循环。通过整合的开发，可以有效地解决目前高校实习场地受到生产和经费制约，轮岗机会较小等问题，根据高校学生的职业特征和个人的具体情况，合理安排多种技能、多种岗位实习，切实实现实习教学的规划与需求。

第三章　高校财政管理和财政控制的探讨

人们对绩效的定义主要有两种观点：一种观点认为“绩效是结果”，另一种观点认为“绩效是行为”。业绩是对某一具体工作功能或工作在某一特定时期所产生的成果的一种记录，表明该成果是一项任务的完成、目标的实现、成果或产出的总和。美国领导力研究中心的罗纳德·坎贝尔指出“绩效是行为”，认为绩效并非产出或结果，并清楚地说明，“绩效是行为的同义词，它是人们实际的行为表现并且是能观察得到的，它包括与组织目标有关的行动或行为，能够用个人的熟练程度（贡献水平）来定等级（测量）”，绩效不是行为的后果或结果，而是行为本身。

当前，我国地方高校在实施业绩评价时，普遍采取了一种“业绩评价”的广义的“业绩评价”，这既包含了“业绩”，也包含了“业绩效果”。这个概念业绩管理学者布罗姆布朗奇给出的一个明确的解释。他相信：“表现意味着行动和成果。行动是指在工作中执行某项工作的人。行动不仅是一种手段，而且它也是一种成果，它是一种能够独立于成果之外进行评判的精神和身体的成果。”这个概念表明，在实施业绩的过程中，将业绩目标划分成一个业绩指标和一个行动指数，即一个是输入（行动），一个是输出（成果）。所以，表现的意义应当包含在工作中的成果与行动，也就是在工作中应当怎样去完成。一所高校要在日益严峻的社会环境下，充分发挥自己的作用，培养一批优秀的师资力量，是高校发展的关键，而完善科学的高校绩效评价制度正是其关键所在。当前，我国高校学生的业绩评价体系还不够科学化，评估理念陈旧，评估人员专业化程度低，评估结果沟通不到位等问题，都会对教学质量和教师的学习热情产生很大的负面作用。

第一节　总体规划与管理的探讨

一般认为，高校尤其是地方高校的管理应包含以下几个环节：确定高校目标、确定目标、确定行动方案、根据方案要求进行业务活动的组织与领导、调节和控制活动以及监督高校的教学和行政活动等。在实施的过程中，高校的教育和行政工作首先要有一个整体的、可行的构想，即制定战略、政策、计划。整个流程被称作总体规划，也就是策划期。广义规划的含义是：选择最适合的选择。作为高校的一种最基本的行政职能，也是实现其他行政职能的根本依据。将规划纳入管制的范畴，并不只是由于它是一种像预算那样的控制性的方法，而且由于它和控制有着紧密的联系，因此很难将它们分开，这在管理学和实践中都难以区别开来。例如，对于整个教学过程进行的全面管理，有些高校把它叫“教学规划”，有些叫“教学控制”，而计划与控制是整个管理方法的基石。据悉，该方案只包含了制定管理（短期）和执行指导方针（长远的）；也有人将规划工作的重点包括选定学校和各专业的目的，以及确定如何达到这些目的，包括制定战略、政策、具体计划和制定政策等。总体规划是实现目标的一种合乎情理的方式。此种方式既不能脱离特定的规划和决定，也不能脱离未来的教育环境，必须采用开放式的、系统化的方式进行工作。

一、控制计划方式

为了使高校能够取得良好的工作成效，首先要确定一个总体的目的和一个阶段的目标，让每个人都清楚地知道自己要做什么，以及如何达到自己的目的，这就是所谓的规划功能。不管是整个高校，或是高校的所有分支，都有很多可以选择的办法，而规划工作就是选择最合适的，也就是为高校和它的职能部门选择一个合适的目标和办法。所以，规划工作的本质就是抉择，而规划问题只能在一个必须做出抉择的行为方向时发生。规划就是要做出决定。规划是事先确定要做什么，怎样做，什么时候做，以及由什么人来做。

规划可以让原本不会出现的情况变成现实。

尽管对将来进行精确规划是不大现实的，因为人们无法控制不可控因素的干扰，但若没有规划，很多东西就会放任不管，导致经营工作毫无头绪和混乱。经济、技术、社会、政治等诸多因素对高校产生了一定的影响。改革与发展固然为当地高校提供了机遇，但也存在着一定的危险。规划与其他经营功能同样已经成为当地高校赖以生存的基本要素，它的使命就是尽可能地把机遇最大化。规划工作能够激励高校聚焦于其目的，并努力达到其目的；规划工作是事先准备的，能够补偿因环境变动和拒绝定性分析而产生的问题；规划工作还处于领导地位，这是其他的经营活动的依据和起点；规划工作是对高校全体工作的一种控制性工作；规划工作对提高高校的工作效能和管理效益具有重要意义。为了使规划工作更好地实现其作用，按照现代规划发展的新潮流，规划与管理应该遵守下列基本原理：

1. 对设计方案进行适当的选取

规划的设计过程取决于两个方面：一是保守性引导；二是向前性引导。把教育机构的工作作为高校整体的工作方向，是一种“保守性”的引导。它适合于没有竞争或完全没有竞争的教学条件，能够集中精力和时间在教学科研上。

2. 注重编制中、长期规划

由于过去的教学计划大多是每年一次的教学活动，没有注重制订教学目标、进行长期的教学计划，造成当地高校仅知道短期的活动，对今后的发展并不熟悉，过一年算一年。由于规划包含了今后的各种行为方式，因此必须延长规划的时限，不然就很难实现对发展和实现目的的调控。目标规划可分为两类：固定方案和长期方案。高校的某些目标是固定的，没有固定的界限和数量，比如高校的创建目标、基本任务等等。高校在今后 8~12 年，乃至 20 年内的综合工作，就是一个长远的规划。此类的目标规划也只是列出了大致的指标，并没有具体的执行方案和方法。目标规划是对高校长期控制和经营方向的一种调整，可以有效地解决高校的短视问题。

高校在今后 4~8 年里所制定的各个领域的发展目标和策略叫作“中长期规划”。中长期规划是指实施长远规划，帮助完成和逐步完成长远的目标，因此又称为发展规划。

高校在一年之内必须达到的指标，是指一项短期或一年的计划。其目的

是实现中期规划的各项指标和策略。短期计划，除了每年计划之外，还应该包含高校销售部制定的半年计划、季度计划、月份计划和周计划。此类详尽的规划不仅要包含数额和支出的数据，而且还应当包括工作目标、方法、进度、负责人和经费的预算。

从根本上说，任何规划流程的成果都是为了确立特定的目的。各级管理人员都参加了规划流程，制定了一个短时规划、一个长期规划和一个中期规划，以建立一个上下、远近相互联系的目标系统。高校发展目标是指长远目标和约束目标，中短期目标是对长远目标的细化和贯彻。高校高层管理者的目的与方法制约着中层与下层的目的与方法，而中、下层的对象，往往都是更高级的手段，如此层层联系，才能构成一条完整的目标与方法，要不然，根本无法进行目标的掌控。制定一个优良的指标系统，应当明确项目名称、数量、绩效衡量标准、期限等。

3. 制定总体规划和预算体系

要全面了解规划的多样化，制订出一套行之有效的规划方案，建立起“规划、计划、预算”体系，使目标管理的整体性和系统性得以贯彻。总体规划的预算体系由3个方面组成。

（1）计划：指的是对目标、方针、政策的深思熟虑。

（2）规划：制定实施计划，执行目标、方针、政策。

（3）预算：根据计划和规划，编制具体的财政预算。

4. 强化了委任的管理

规划应有助于高层管理者掌握决策的权力，通过“责任中心”系统，将权力分散给各个层级的管理者，以便他们能够更好地发挥规划、执行和控制职能。把用人、用钱、工作等权力，分派给利润中心、成本中心和工作中心，以便于控制利润、控制成本、控制工作量和进度。任何导致无法达到目的的人，都要承担相应的法律后果。

5. 着重于建设一个信息体系

决策取决于充分、准确和及时的资讯。在实施规划时，要注意建设和管理相关的信息化体系。对高校进行信息化建设，可以有效地了解高校内外的各类资讯。高校不仅要从外部获取政治、法律、经济、技术、金融及投资者等领域的知识，还要从内部获取教育、人事、财务、科研发展等各领域的资料。

二、规划控制系统的设计要点

（一）宗旨

目标与期望是不同的，它们来自严格、明确的思考，并促使人们和机构去完成这些想法，可以检验该指标达到的水平。目的可以作为一种动力，将个体的工作热情导向各单位、各高校的改善，从而达到更好的经济效益和社会效益。任何一位管理者的首要职责就是确保机构拥有一个将个人、部门和高校的目的联系起来的目标化网络。该网络应该包含总体和明确的目的。

地方高校具有其自身的功能和职责，这是高校设置总体的目的和使命的基础。要对高校在特定的时间内实现什么有价值的目的进行系统化的论述，就需要对其总体的目的和任务进行清晰的界定。然而，许多高校对其任务常常模糊，难以做出明确的答复。为了确立高校的总体任务，必须首先确定高校的服务对象，理解其所期待和需求，并逐步实现高校自身的任务。为了实现这个目的，地方高校的总体任务或者说总体的目的都是为了盈利，所以要实现这个目的，需要开展各种活动，逐步明确方法，实现各种具体的目的，以及具体的工作。

特定阶段的教育目的或特定的目的，既是高校教育工作的最终目的，又是组织工作、人员配备、领导和管理等工作的最终目的。高校特定阶段的发展规划是高校发展的基础。一定时期的目标或各项具体目标一定要根据高校的总目标、教学状况和教学环境来决定，而不是表现为某个具体的质量目标、数量目标。

目标的层级是分层的，包括总体目标或任务、特定时期的整体目标、专业性的整体目标、所属高校的目标、部门目标和个体目标；目标是连贯的、相互支持的；目标也是多元化的；目标的种类也是多样化的。

在此基础上，可以采用两种方式进行设计：一是采用常规的方式，二是采用对象的方式进行管理。常规的做法是让领导来确定并将其施加到下级。这样做会使部属产生怨气，使部属无法发挥其聪明才智，因而有很大的缺陷。目的管理是指由下级在其指定的领域设定一个指标，例如，领导给出一个范围，下级给出一个具体的目标，然后由上下达成共识，再由下面来决定其任务。目标的实施，主要是确定上级机关的目标、组织机构的目标、下属人员的目标。目的管理法有利于提升高校的管理工作，有利于清晰地认识高校的职能和状

态，促使高校对自身的绩效进行问责，从而促进高校的规划工作和进行有效的管理。高校经营的评价方法、激励方法、系统方法和长期观点等都被普遍采用。然而，目标管理法也有一些缺陷，如原理不明、指导方针不明、难以确定、短期倾向、不灵活、不形成网络、任意、不坚持可考核性、过分强调数量指标、标准不适当等。

（二）战略，政策和计划

1. 战略（策略）

战略或策略是一种带有“对峙”含义的军用名词，是目前地方高校教学科研的常用词。所谓“战略”，就是对作战计划、作战布防等方面的规划。在地方高校的经营战略上，应将高校放在一个最有利的条件下，做出最基础、最重要的规划，即为充分地完成各项任务，并运用各种资源。战略包括目标，政策和教育方案。战略的总体目的是确定并阐明高校所处的环境，并制定一套基本的方针和方案。战略明确了统一的方向、重点部署和资金配置，但是具体的目标是怎样达到的，并不明确，而是从高校的运作理念和行为出发。战略的控制性，不仅仅是针对高校自身的软肋和实力，提出应对外来的挑战和把握机遇的应对之策，更重要的是，这是高层领导的责任，是一种约束所有层次的权力；另外，战略是长远的，而非短视的。

2. 政策

政策也是一种规划，它主要体现在规划中的书面陈述，用以传达或引导意见和行为的决定。因此，有些人认为，政策就是制定的准则，它能体现出一个目的，引导管理者和职工们去实现它。政策的范畴包括政策的制定，保证政策与目标的一致性，以及实现目标。这些策略可以帮助解决某些问题，让人们在同一问题上采取同样的解决办法，同时也能为其他方案的整体规划带来整体上的帮助，这样才能更好地掌控整个局面。制定的政策规范有助于减少决策的空间和限制。政策层级和体制层面的调整，包括高校政策、部门政策和基层政策。政府的决策常常与特定的政府职能联系在一起，比如财政决策与财政功能有关。

高校实行的政策种类繁多，包括招工政策、提拔政策、奖励政策、职称政策和奖励政策。总体来说，一切的方针都可以分成两种：一种是明晰的，一种是隐晦的。以文字或口头形式做出说明，就是一种清晰的方针，使决策者能够根据自己的意愿做出决定。如果将政策嵌入已有的模型，而不是书面或口头表达，则是一种隐性的策略。有些人常常误解了，认为这是一种计划。由于任何一项政策都是一种激励人们对问题的随意处理和创新的方式，因此，尽管有一些限制，但也具有一定的灵活性。而且，由于其目的在于推动目标的达成，因此必须保持一致性和完整性。这就要求尽可能对高校的各种相关政策做出明确的规范，要降低其制订的对象，尽可能地做出一个协调的说明，以便对其进行有效的调控。

3. 方案

制订一个教育方案，涉及制定特定的安排，并执行战略规划所规定的目标和方针，安排了方法、资金和时间来达到这个目标。教育规划是战略规划的结果，是在考虑相关情况以后，在一定时期内实现某个具体目的的一种方法。课程计划要具体地体现计划的具体内容，计划在什么时候、在什么地方执行，怎样执行，由谁来执行。全面计划又称为规划，它包含了目标、政策、程序、规划、任务分配、采取步骤、使用资源和其他因素，这些都是必要的。有下列几种教学方案。

（1）程序，规则。就像政策是思想与决定的向导，而计划则是行为的向导。该文件为将来的行动制定了常规的办法，并对需要执行某些行动的精确的办法做了详尽的说明。每一所高校都有程序，并且形式繁多，越是向下，它所制定的程序点数就会变得越来越精细，数目也会越来越大，这是因为要谨慎地加以管制。流程与其他项目同样是分层的，假如一个政策仅仅是一个引导决定的方向，那么它就是一个决定的成果或者达到目的的途径。如果高校的政策是关于职工有权享有休假，那么，就必须明确该政策是怎样落实的，比如确定实行轮休制度，避免对工作造成不利的后果；制定休假期间的薪酬和出差费用的补偿标准；制定休假的条件和所需的手续；制定销假和报销的办法。尽管该方案并不能确保取得理想的结果，但是它有利于特殊的工作，有利于节省大量的人力和时间，促进工作的标准化和制度化。

法则也是一个方案，一个最容易实现的方案。就像其他的项目，这是一个选择，或者一个解决问题的办法。规定在特定情形下是否要实施某些具体的行为，这与方针是不同的，尽管法规也具有引导功能，但是在使用这些法规时，却没有任何的自由度。这些规定涉及引导行为的过程，但是没有规定的时间序列。我们可以将一个程式视为一套行动准则，但是并不需要所有的程式，因为其中一些可以独立存在，也可以不连续的呈现，例如不准在课堂

上吐痰、不准在课堂中抽烟，这些都与程式没有关系。

（2）经费支出。一个预算是一个确定在一个预期期间（通常是1年）的财政收支的一个方案。预算，就像一个规划一样，是用数据来表达期望的成果。预算，包括财政预算、包括费用预算、教学预算等，也包括资金开支预算。预算是规划工作的基础工具，也是体现规划需求的一种有效的管理方式。

在精确、详细和制定办法方面，预算规划工作差异很大。在一定的时间内，一定的支出或成本是一个确定的，无论在销售或制造方面，还是在实际的完工上，都会有不同的效果。这个预算是指一个长期的开支，如折旧、维修、资产税、保险费和其他基础的行政开支。一些费用随着高等职业院校的实际销售量或产出而变化，例如一些当地高校的管理费用和教育基金，这些费用是根据不同的或弹性的。此外，也出现了一种将变动和计划相结合的新的预算方式，这就是所谓的零基预算。零基预算将每个项目都视为一个新方案，一切都是白手起家，把所要达到的目标和为实现这些目标所需要做的工作从始点做起，这样就能在不依靠以前的规划的情况下，更加完美地完成规划。实际上，预算工作最大的好处在于，它能帮助大家制定出一个完美的方案。

除了上面提到的，还包括一个时间表，也就是一个决定某一具体的工作的时限。不管是单纯的或繁复的，都有一个重要的规划手段。

（三）决定

决定渗透到所有的行政职能和流程中，是从不同的选项中做出的，这是规划工作的中心环节。制定了一个决定，就可以说制订了一个方案，这个方案是管理者的核心工作，它的本质是一个问题的解答。理性地考虑问题并做出决策，才能得到答案。当一些事出现时，我们必须要做出回应：一些问题应当被妥善地处理，或是一些新的东西，这些都是必须要去解决的。

做决定时，首先要问问题和判断问题，要掌握实际情况，就必须用系统化的思考方法来判断问题。在得到真相的过程中，我们应该得到所有的真相，而且最重要的是，要有一个有选择性地重要的证据，这些证据是一个问题的关键，也是一个成功和失败的因素。在一个人对这些问题有足够的认识之后，他的脑子里就会有一个或者更多的答案，因为他知道的东西越多，他的答案就会越来越多。但是，他需要对这些问题进行调查和分析，便于找到这些问题的限制和策略，以便对这些问题进行深入的评估。在选定了某些决定之后，要对它们进行评估，并在其中选择（有时候是多项）对实现这些目标的最佳选择，这是最终决定的重要步骤。评估不仅要包括各种固定成本的流动成本等量化的要素，而且也要包括一些难以量化的、看不见的、不能量化的要素，例如劳动关系的特征、技术变革的风险、政治、气候的变化等。在评估计划时，要做边际分析，成本效果分析，要再三衡量；每个计划对达到的目的有多大作用，与学校制定的政策有没有一致；每个计划的执行成本有多大，成本与效益比较；执行效果如何？在选择项目时要综合3个因素：一是体验，要对历史的教训进行仔细的归纳和处理，要以体验为依据，而不能以自己的经历来引导今后的行为。二是试验，要对所选择的方案进行试验，认真地考察其产生的效果，再做出决定。三是对其进行调查与剖析。首先，要认识到问题的本质，分析各个项目的关键变量、限制因素、前提条件以及它们的相互关系。其次，将各个项目划分为需要分析的各个环节，并对其进行量化和非量化的分析，并对这些问题进行了细致地分析，例如：持平法、报酬矩阵、决策树法、库存决策分析法、线性规划法、排队理论等。高校的研究与解析的一个重要特征就是，提出一种能够使实施过程中的控制检验模型来进行仿真。

第二节　人力资源的管理

在管理中，要想达到目的，就需要设计并维持一种适当的工作架构。“组织”这个术语，比如针对人类，指的是一群人，为了达到一个共同的目的而团结在一起，也有人说，“这包含了参与者的全部行动”。就大部分人而言，这是一种自觉地建立起来的职位架构。随着高校的不断发展，学校的工作也越来越多，需要将各岗位的工作分解成不同的工作，从而达到高校的目的。

正规的机构是由两人或更多人自觉地共同从事某一特定目标而开展合作。正规的机构本质上是自觉地达成共识和相互沟通和尽职。正规机构必须遵守目的一致性和有效性两个基本原理。没有明确的共同目的，但能够取得一致结果的行为，就是所谓的非正式组织。一个部门就是一个管理者有权力对某一特定的区域或分部进行指导。在本地高校，各单位之间也存在着层级的关系，例如：处长领导、科长领导。当前高校的机构形式，从上到下，呈现出一个上大下小的锥形。高校的机构工作，是为了清晰的职责和权利，它

的职责是确定哪些工作是由哪些人来完成，哪些责任是由哪些人来承担；可以按照职责划分不同的人员，进行沟通和管理；可以在不同的信息基础上制定政策和改进政策；清楚地划分不同的工作岗位，确定它们应该实施哪些部门。组织工作所具备的这些潜在的职能，要想充分地实现其功能，就需要合理地进行规划；而组织工作并非一蹴而就，而是一种持续性或周期，需要经常调整。在进行机构工作时，要考虑到战略、技术、环境等方面的因素。高等职业教育院校的组织架构要反映目标和战略，因为高校的经营行为都是从目标和战略计划中推导的，形式要符合功能，结构要符合战略，组织架构要符合高校的工作和技术要求，比如单纯的产品体系可以是扁平的，而在生产工艺技术比较繁杂的高校，可以采用多层次的组织。组织的结构也要反映出环境的需求，在环境确定的情况下，可以进行长期的程序设计，在环境不确定的情况下，可以进行暂时性的程序设计。总之，一个高校的存在是与规划相结合的，没有一个合理的、完善的工作方案，那么，人力的分配就没有任何意义。一个高校的设计结果就是一个组织形式，它产生的效果。高校的设计要根据现实需求，不能死板地照搬照抄，必须要有明确的职位层次、畅通的信息渠道、有效的协调合作的要求，否则无法发挥运用物力、人力、财力、时间、技术、信息等宝贵资源的统合力量。一些高校的领导者不把自己的工作放在首位，只是听从上级的指示，而没有考虑到组织体系的安排，这样做不仅是浪费人力物力，而且没有效率。目前，我国高校的企业管理机构大多采用了以目的为中心的方式进行组织设计。组织设计的根本目标是实施计划和实现目标，其设计的先决条件应该是从“事”开始，而非“因人设事”“依事寻人”，其实施过程主要有：

（1）制订学校的教学目的，制订教学方针和教学方案。

（2）使不同的“动作要素”达到工作的目的，从而形成高效的“行动”。

（3）将各类合适的“操作活动”组成一个“职务”，按照可用的资源和最优路径对职位或商业行为进行区分。

（4）将各种职务分解成由个人所承担的职位，并将各种职务组成“部门”或具体“工作高校”。

（5）将各部分按照不同的层级进行分类，形成一个整体的机构或体系。

（6）利用工作职能与信息交流，对各个部门进行工作的协调。

一、组织机构的编制

组织结构的设计重点是对各分支进行分割。部门的分类方式有很多，但最重要的是要把组织机构的组织体系适应战略、技术和环境的具体情况。传统上，单位的分类分为两类：以量为单位，以时间为单位。纯粹的人数分配方式，就是选出一批实力相差无几的人，然后选出一名负责人，负责某项工作。这个办法的本质不是要做什么，在哪里做，在什么情况下做什么，而是需要多少人手。按人员的数量来进行部门的划分，不能适应职工技能的提升，不能适应专业的要求，不能适应中层管理，只能适应基层的组织。按照时间对各科室进行分类的办法是按照工作的时间安排工作，比如实行轮班制度。其最大的弊端是不能进行有效的监管，不能有效地改善工作，而且会增加中、晚班的费用，而且仅适用于基层的行政工作。当前常用的分类方式有 3 种。

（一）职能机构

职能机构就是按照高校的功能来进行企业经营的，这样各个部门就会承担各自的职责和义务。在此，必须明确高校的主体，即人数众多、经费预算庞大、关系高校存续的重要职能。若各主要职能岗位的经营范围过大，则需要对各分支机构进行细分。职能型机构最大的优势在于其运作的逻辑性，能够遵守专业的基本原理，能够维持其基本职能的权威，能够精简培训，能够高效地执行高层严格的管理措施。它的弊端在于，只有高层管理者对收益承担责任，过于注重专业，不能培养普通管理者，而且各职能部门也不能进行有效的配合。

（二）地区机构

根据地域来进行行业分类的机构，称为区域机构。这种方式对大型院校和地区院校尤其有效。该系统可以与高校的产品结构一样，明确各商业院校的收益分配，并可以鼓励管理者们充分地思考地区高校的整体发展，并能根据地区的特征进行调整。它的最大缺陷与产品的结构缺陷相似。

（三）矩阵结构

20 世纪 70 年代，按照功能划分的部门方式与产品分类的方式在同一组织中被称为“矩阵”。这样的机构被称为“方格”，或者“项目”管理或者“产品”管理，本质上是一种折中的方法，既可以发挥功能和产品的优势，也可

以避免两者的缺陷，从而使高校能够更好地调整和沟通外界的环境，减少高校的运营和费用。但是，矩阵的机构也有其不足之处，比如倾向于无政府状态、过分的权利争夺、会议和集体决定等。

除了以上所说的部门的主要分类方式外，还有以市场为导向的分类方式，按照流程与装备的分类以及以服务为岗位进行分类的方式。任何一种组织的设计都不仅仅局限在一种形式或一种结构上，而是在各种情况下尽量让组织的各个部门都能适合于各种情况而采取的组合设计，以促使职工能够更好地进行思维和行为。另外，要注意把第一类学校划分为一个整体的职责中心，把第一类高校设置为“部门系统”“目标管理”“集中与分散”等现代管理方式和知识运用于一体：服务中心、教学中心、成本管理中心和工作中心。“服务中心”系统是以部门系统为基础进行组织结构的。

二、协调关系的设定

组织管理的主要功能是分工和协作。分工能够促进组织内部的工作的专业化，而协作则能促进各个部门的协作。在经过了行业分割之后，迫切需要处理的是各个行业之间的相互协作，从而形成一个完整的工作体系。一个机构不仅仅包括几个具有不同目标的单独的分支机构，而且要想获得工作的顺利进行，各个机构之间的工作就需要统一起来。管理失灵、冲突严重、职权分离、工作能力分离、某些工作无人问津。任何一个机构都是一个非人性的协调系统，它的协调方式也是多种多样的。

（一）纵向统筹安排

为引导职工开展工作和交流，故意设置了一种权力层级，明确了各级主管岗位职责及上下级的联系。设计委员会制度是设计与协调机构之出发点，其目标是要形成一个强大的指挥制度，让每个人清楚地了解自己所在的地方，并清楚地了解由何人对他和对他所负责任。由上级下达指令，顺序是由上而下的。设计权力层级的原则是建立报告关系、责任关系和控制区间。每一所高校都应该在高校的高层管理者与基层管理层之间形成相互联系的、连续的汇报机制。这个报表关系又叫指令链条，要求从底层的管理者着手，向一个更高一级的主管汇报，并以此来检验个人行为的不符合其领导的预期，从而促进各个层面的协作。建立命令链的思想，要求人员之间的交流和对下属的控制不应间断，下级不应该背离上级指导。任何一级管理人员不应绕过其直接负责的部门，向更低一级的主管人员发布命令。按照“一元化”的观念，一个下级只能服从一个领导，而不能同时服从一个以上的领导，这样就会产生不必要的矛盾。在垂直方向上也要对各个层级的控制区（范围）给予足够的关注。行政范围是对主管（或单位）的管理数量或其所在单位实际数量的限定。具体的行政范围是多少，要看部门的级别、主管的能力、授权的程度、受控制者的素质、工作制度、工作程序和工作计划的不同。如果有人觉得中层和高层管理者应该对 3~9 个人直接负责；有的人觉得 30 个人适合作为一个初级管理者，另一个人则觉得 8~12 个比较合适。经营活动的多样性、不确定性和新颖性、职工工作的复杂性、随机性、责任性、下级职工的职业能力、规范化的工作流程、无监督的工作量等是决定经营规模的重要因素。

（二）横向上的协作

任何组织除了纵向协调，还必须注意横向协调，即部门间的协调。在进行横向协调的时候，要考虑到需要协调的地方、需要协调的程度、协调机制和适用情况等。各行业之间要进行协作，依赖于各个行业之间的相互依赖以及由此而带来的后果。比如教育、后勤等方面，要按照教育需求来进行调整，不然就会降低教育的质量，严重地制约着学校的办学和发展。所要求的协作水平在很大程度上取决于各个行业所承担的共同使命的不确定性。随着工作的不确定性增加，更多的协作需求，决策人员必须要解决更多的信息。为此，需要制定相关的协作机构，包括制定相关的部门之间的沟通与制定政策。

（1）制定处理普通协作问题的标准流程。

（2）设立一个纵向权力通道。当出现的问题不多，而各行业之间的矛盾又很难处理时，可以由有决策人来处理，但是这样的协调方式并不是很有效。

（3）设立一个临时会务系统。在相关单位出现不一致时，双方应当派出一名成员出席会议。

（4）设立一个固定的例会系统。若各部门不和谐的问题频繁出现，则可以通过例会来处理。

（5）明确协作的职责。在本单位的工作任务和岗位描述中，清楚地规定了协作的职责。

（6）设立专门的协调人或专门的联络员。如果高校里有许多的工作需要做，那么就应该设立一个统筹部门，专门进行职责的分配，并承担日常的工作。

例如设立调查员、联络代表、协调员、计划员等，负责中介工作。

同时，利用矩阵原理来设计协同机构，从而可以有效地处理这两个具有竞争性和重要性的工作。在现有的多种协作方式和方法的基础上，还要针对不同的需求进行合理的调整，以确保它们的高效利用。

（三）统筹安排

许多管理者在进行纵向、横向的协作时，也采取“参谋”式的协作方式。在管理科学中，顾问具有多种含义，有时候是管理助理，有时候是一种特殊的职位，属于下属，仅对一位管理者负责。总之，顾问具有服务、咨询、监督和控制的功能，而顾问部门则具有临时的统筹和协助功能。从整体上看，有些部门在整体上起着顾问作用，而有些则是直接传递。要搞好各个岗位之间的协调，既要重视层次分明的权力机构的设置，又要重视与咨询人员的联系。

（四）统筹安排

权力和决策权力的上升被称作集中，而权力的下降被称作权力分散。具体来说，管理者们将权力和决策权力都聚集在学校的最高层次，这就是所谓的“集权”；将权力和决策权力下放给所有的低等阶层，就是“分权”；一些管理者会赋予下级特殊的权力和责任，也就是权力下放。

当所有问题都是高层领导来解答时，就会出现迟缓或错误的决定；当所有问题都是由底层来解答时，就会出现严重的失误。过度集中与分散各有其优缺点，这是很明显的，因此，在权力管理上要遵循随意性的方针。对于具体机构而言，在一定时间里，其部分功能是集中的，而其他部分是分散的，只能在具体的工作中，根据具体情况，权衡得失，从而做出适当的决定。要将各个功能看作是一个独立的行动，而非一个完整的组织，对于某些行动可以实行权力下放，对于其他的，必须实行集中。

放权或授权管理，是一种较好的职权管理形式，它是指管理人员分配任务和分配完成任务所需的职权和职责的过程。授权控制应力求做到完全性、明确性和充分性。完全授权是指对每项任务分配时，授予被授权者应负的责任和应有的权力，以避免无人负责的现象。明确授权是指授权者应明确告诉被授权者对何种任务负责、有哪些职权，应使下级人员清楚了解自己的任务职责和职权，在职权范围内无须事事请示。职权是发布命令的权力，职责是对结果所负的责任，二者应该平衡。授权的充分性是指授予下级的职权应能充分保证其完成应负的责任，这样有利于促进有关任务的完成。此外，应该注意的是，进行授权管理，并不能减轻上级应负的责任，上级应对下属职务范围内的行为负责。进行授权设计，必须遵循按照预期成果授权、明确职能界限、分级、分层、统一指挥、职责的绝对性、权责对等原则。

（五）建立影响因素

权力要转变为影响，以影响和转变行动，权力就会有效力或利益。一个人的行动会被别人的行动所左右，而这种影响力就是权力。各级管理者要想发挥其对部属的影响力，就需要挖掘各类权力资源。例如：合理的报酬，适当的惩罚，合法的管理，模范的行为和专业的引导。只有在下属了解到他们可以支付适当的酬劳时，他们才会愿意去做这件事；只有在下属了解惩罚的范围时，他们才会抑制下属的不合理要求，并让他们接受艰巨的工作；只有在下属了解了他们的命令是正当的时，他们就会遵照；只有他们自己行动，他们的行为就会起作用，他们就会跟着行动；只要他们的领导能够提供他们所需要的信息，他们就会对他们产生好感。

三、职位设置

在确定了各部门之间的分工以及各岗位之间的工作关系之后，要对各岗位、各部门的工作进行更具体的规划。各个部分的管理是为了实现一个共同的目的而进行的工作，而由几个不同的链条组成的链条则是所有人保持紧密合作关系的一种手段。在进行部门和个体工作时，应按照整体的策略进行规划，以便各个岗位或人员的工作能够达到整体的目的和执行策略；按技术要素进行专门的工作，将大的工作分解为几项较细的工作，以便提高职工的技能和工作的效能；为了使职工对工作多样性、完整性、重要性、自主性的需求，有助于激发职工的工作热情，使职工对工作充满信心和满足感。管理与工作的规划，通常从教育部门着手，到服务性部门的管理，例如总务、人事等；按工作流程逐一列出，加以组织和总结。

比如，在制定物流管理制度时，必须按照其工作流程，从购买课本起，列出订购单、询价和订购、入库、登卡、安全保管、凭单发货、检验、包装、入库等。依所列之职司，依计划、执行、稽核行政“三联制”进行稽核，检查有没有遗漏或需要补充、调整的问题。纵向上是管理和流程的结合，横向

上是人、事、物相结合，构成了一个整体的工作制度或一个人的工作制度。比如，教育部分管财政的部门。编制、修改、监督所属高校的核算制度。编制本系统预算，并审核与汇总所属高校预算资料。汇总与编制月报、季报与年终决算。编制财务分析与费用分析报告。检查所属高校核算材料及有关会计事务的处理。检查各高校预算执行与控制状态。指导与培训系统内会计人员，并负责会计人员的考核与职称评定工作。指导系统内的统计核算与业务核算工作，定期组织财务检查工作。

四、人事管理制度

人事管理之基本目标，在于采用一种方法，以保证高校现有及将来运作良好，并在机构架构内设置适当之岗位。人力资源管理既是人力资源管理的工作，也是高校行政管理工作的重要内容。管理人员的计划、组织、领导和控制等各方面的功能，都与人员有关，而人员控制则是管理者的关键作用，也是关系到学校的成败。

（一）选定方案

人才的选用是在人才配置和人才遴选等问题上进行的。

人力资源配置要与高校的机构和规划工作相结合。人事工作是一项十分繁杂的工作流程，可以用来进行人事管理。高校的每一项规划都需要人来实施，而编制工作也要建立在规划之上。制订工作计划是决定人才需要的重要条件，还要考虑到任命率、年龄、健康等其他方面的问题；针对高校内外的人力资源现状，分析了管理人员的招聘、选拔和安置，并做好考评工作。在配置职工时，必须充分重视高校内外两方面的因素。虽然人力资源配置工作，主要是人事部门和行政人员，但是，人力资源的制定、招聘范围的确定、选拔程序的制定、考核方法的制定和发展的计划，都应该在学校的最高管理者的领导下进行。

高校各种类型的人才，尤其是各层次的管理人才，是衡量一个高校能否获得较好成绩的关键。在高校的经营活动中，挑选职员，尤其是管理者的选拔，是高校经营活动的一个重要环节。职工的挑选要按照特定的程序和方式来进行。从下列几个角度进行人才的有效选拔。

首先，要对各个岗位的工作需求进行一个较为全面的认识，这就是要清楚每个岗位的工作内容、工作方式和知识、态度和技能，并在合适的岗位上设定合适的工作岗位，不能太多，也不能太少。岗位应该包括足够的工作负荷，让任职者感觉被完全地委任。这些岗位应该体现出所需的技能，例如：要求专业技术人员应具备技术性技能、人事管理的技能、概括分析的技能、谋划设计的技能以及分析与解决问题的能力等。

其次，要评估各个岗位的重要性。它与工作绩效评估有两个方面的区别：第一，利用“排队”比较的方式来决定各个岗位的薪酬标准和职务的高低，通常以薪酬的高低来衡量职务之间的差距；第二，按照岗位的工作因素打分，首先确定若干工作因素，确定其权重和得分，再由数值来确定各个因素，这些因素的组成，主要是受教育程度、经验、智力、体力、责任和工作状况，而管理岗位的评价因素是技术知识的需求、解决的问题和责任的大小。比如，一份工作中出现的错误会迅速地被发现，而在另外一份工作中，它的工作要花很久的时间去评判，其职位价值也应比前者高；第三，要清楚各个岗位所需要的人才，除具备的能力外，还要具备管理欲望、沟通能力、正直、诚实、工作经历等。

最后，进行适当的筛选，在确定各个岗位所需要人员的标准之后应进行招聘和选拔，通常采用对象选拔方法，将岗位工作的任务与被选拔人员的工作经验和技能素质进行对比，根据匹配程度进行筛选，在进行筛选时，采用口头审查、审阅资料，对智力、才能、业务、个性、技能等进行测试、集体评审。

在选拔人才时，要注重对各类候选人的甄别，面试是最佳的选拔方式，而非一份有内涵的简历。对有能力的人，可以雇佣，但要限制他们的权力欲望；“老兵型”可以雇佣，但要让他们有挑战感，不然就没有动力；“对于“牛皮型”的人，不可录用，因为他只会社交，不会干活，渴望当名人或与名人为伍，奉承者，与强者相对，没有才能，没有素质，没有野心，要远离这样的人；必须要雇用有头脑和自主性强的人。

（二）人员配置

“借力”是管理者最根本的手段，要依靠下属的能力来实现高等职业院校的总体发展。高级管理者要借用中级管理者的智力，中级管理者要借用下级管理者的智力和体能，初级管理者要利用职工的体能，工地上的工人要利用自己的身体和可以利用的机器来达到各个部门的目的。借用力量的方式有两种，一种是策划，一种是掌控。规划是指一切思维流程，它确定了今后需

要下属完成的任务和实施方式，而规划则是创意。管理一般是为了保证实现规划的目的而采取的一种手段，一是为了建立一个机构，二是为了进行人事管理。管理机构应该明确每个人的工作级别，明确每个人之间的联系，明确工作人员之间的协作的核心，不然就会失去控制：督导是指日常纠正、指导下属行为以期达到目标的活动，如果每一位下属都能自觉地依照上级指示行事，则无须督导。

经营不是业务的引导，而是人的发展。一个管理者不能管理别人，就不适合做一个领袖。各层级的领导者都必须熟悉职工关系、客户关系、社区关系、政府关系、金融关系等各类人际关系。用人之法，一要因材施教，以求各取所需；二要培育，以持续提高其才能。例如制定一系列衡量个人工作成绩的行之有效的方法；营造一个有利的工作环境，提升职工的业绩和业绩；努力招募和留住最好的人才；培养有能力的人，使他们能适应未来的工作；制定一种科学、公平、可靠的评价体系；根据业绩的高低，激励他们。各级管理者都非常重视自己的领导对自己的期许，想让自己的领导知道自己的工作状态，在需要的时候，要求他们进行引导，同时也希望自己的领导能够公平地主持公道，根据他们在工作中的表现，在精神和物资上予以奖励，或者给他们晋升的机会。但在知识、技术、信息、态度、沟通、性格等诸多因素的影响下，这些都会影响到职工的士气。领导要密切关注各级职工的心理状态，并积极主动地为他们排忧解难，一方面要与下属交流，一方面要虚心、诚实、谨慎地提升自己的管理技术，以求突破，比如对成绩的评价，分析当前的需求，确定高校的长远目标，确定学校的中短期目标，确定责任归属，衡量业务进展，评估绩效，给予奖励，更好地规划将来等等。

（三）训练和发展机构

从教育训练中，培养管理者怎样进行管理，这就是高校教育工作。组织发展是一种系统、综合地提升高校绩效的途径，它旨在克服各种因素对高校各个层面的运作造成不良影响。根据经营管理的理念进行培训和发展，首先要进行目标管理、工作充实化的教育和敏感化的培养。高级管理者要对培训工作给予积极的支持，培训对象要涵盖管理人员和职工。

要想培养和训练一个职工，必须弄清楚他目前的成绩和他的行动所需要的能力的差别；其次要明确他现有的才能与担任下一个职务所要求的才能之间的差距；最后还应预测未来，根据变化了的技术和方法所要求达到的新才能。只有把这3个问题弄清楚，我们的训练目的和训练方式就会更加清晰。

目前，职工的训练方式有两种：一是在职训练，二是离职训练。在职训练是指受训人既要学习又要工作，其具体方式包括：有系统地晋升、职务轮换、设立“副”级、临时晋升、个别辅导、设立临时训练所等。在高校内外进行的培训包括：敏感性训练、行为训练、交往分析训练、短期培训、专业证书培训、特殊培训、自学培训、视听培训、仿真培训等。

组织发展的关键在于让各个层次的管理者共同合作，共同应对某一特定的管理问题。通过实验训练、主管工作方法训练和调研的回馈，可以有效地克服协调不良、分散和信息交流不足等。任何一个企业的发展，最重要的是发展人才，要想真正地发展人才，就必须营造一种让所有职工都能放心、尽忠职守的社会环境，例如：有清晰的组织结构，权责明确，适当的授权，充分发挥个人积极性：赏罚分明，鼓励而不是责备；互相关怀，和谐团结；容忍异己，鼓励批评、建议；互相认同，把高校利害、荣辱与个人利益结合起来等。

在加强人事工作的同时，加强对人才队伍的培养。在加强人事管理方面，要按照高校的规模，建立相应的组织结构，合理划分职能，加强对人才工作的管理。依据高校的需求，制定一套科学的人员管理体系，其主要内容有聘用条件、程序、工资标准、工作时间、请假规则、职工福利、管理规则、考勤和考评办法、奖惩、调动、离职、退休等各项管理规定；加强职工薪酬的管理，及时解决人员短缺、过多、定级、转正、调资等问题；加强内部和外部的协调；加强教育和训练，有系统地安排职前训练、在职训练、正式教育和补习教育等；加强人事指派，如按政策与规定办理招工、奖惩、升迁、调动、缺勤、考核、退休等人事手续，对于一些敏感问题，要增加透明度，并要接受群众监督；此外，还要加强医疗保健、职工福利、协调服务等工作。人力资源的工作是关系到高校整体工作效率的问题，人力资源的有效利用，能提高工作效率、方法效率、设备使用效率和经费使用效率，反之，会造成学校的倒闭。所以，要重视对人事管理者的选拔，对其进行从严的规定，做到对国家的劳动人事政策、对劳动人事制度、明晰事理、分析判断、工作实践经验、温和谦让、办事认真、有很强的说服能力等。

第三节　关于行政领导权的治理

行政领导控制，对于我国的企事业、高校来说，既指个人领导控制，又包括群体领导控制。领导作用的实现与个人素质、风格、才能有关，还与领导体制、分工和协调有关。关于领导的概念，有许多不同的观点，但是大部分的观点都是一种影响他人的能力，也就是通过这种方式来让他人自愿地达到高校的目的。技术、智慧、工艺、安排等因素仅仅是生产力的一个方面，而领导者则是决定生产力的一个重要因素。那些能激励他人思考和行动的杰出领袖是权力的主要因素。领导者的人格会带来行动的感染，而非个人特质的管理体系则更能发挥更大的影响力。有些人相信，领导者的精髓在于被跟随，而人们往往会跟随着被视为可以满足自己愿望、要求和需求的人。很多工作人员都很难保持工作的激情和自信，或者没有动力或者没有机遇，或者工作条件和领导层的平庸，或者天生就没有耐性。领导者的作用在于引导或劝说全体部属或追随部属维持高昂的士气、持续的工作自信及工作激情，并愿意尽心尽力地为达成目标做出努力。也有人把这种功能称为统御功能，即结集人们的能力与意愿的功能。领导者通过计划、组织、控制、执行职权、予以报酬引诱或社会压力，可以引发出职工60%的能力。而其余的40%能力，则有待于领导才能的诱发。这一统治的能力，不是由职权、机构所赋予的力量，也不是外部的情况，而是一种劝说和引导别人的能力。只有这样，才能使个人的目的与目的相结合，才能使领导者的角色得以实现。高校重点介绍了个人与团体领导控制设计，授权控制设计，激励设计，以及信息交流机制设计。

一、领导力控制

高效的领导者要知道职工的需求，什么是最能激发职工积极性的，怎样才能充分地发挥他们的作用。只有将这种理解融入企业经营活动中，才能更好地实现其功能。任何一种领导者的行动都必须符合职工的精神和情感需求，奖赏多过处罚，鼓励少而禁，更不要说“乱时宜严”了，因为每一位领袖的行动都要事先精心策划，把所有问题都考虑在内，这样才能避免职工的推脱，评价工作的好坏，把握好工作的动静；领导的所作所为必须反映出领袖的公正和平等，而不能依靠权力和技术。领导力的高低，在很大程度上取决于个人品质、领导方式和对外界的适应性。

关于领导和非领导的个性差异，目前存在着许多不同的看法，但普遍的看法是：领导人具有完成任务和取得成就的强烈欲望和责任感；具有实现目标的动力和韧力，解决问题的智力、才能、创造性和冒险能力；具有开拓性和自信心；果断和勇于承担责任；擅长处理和调和人们的矛盾。能够承受挫折和失败；能够对别人的行动产生一定的影响力和社会上的反应；能够尊重、关心和信任别人。领袖人物，有些可以在任何情况下都能胜任，而有些却只适合于局限条件。从自身的定位和角色看，要具备以下10个基本条件：政治导向，承担社会责任；注重社会效益；创新，以满足市场竞争的需求；有清晰的战略思维，有远见，要有长期的利益眼光；果断的决定，勇于冒险；强烈的竞争精神；有文化精神；创新、求实、奋进，将当地高校精神转化为物质财富，充分调动职工积极拼搏与奋进的积极性；出色的组织才能，善于指挥，敢于指导，培养与造就优秀人才；广泛的知识和兴趣，要形成知识优化组合的领导群体，要进行智力开发和感情投资；有无私奉献的精神，密切联系群众。

基于权力的领导模式有3种：一是独裁型的，要求别人言听计从，自己教条专断，完全依靠奖励和惩罚来引导；二是让职工参与管理的领导，让下属参与行动和决定的制订，并鼓励他们参与管理；三是很少利用自己的权力，在企业的运作中，赋予下属很大的独立性，让下属制订自己的计划，达到自己的目的。以上3个不同的领导模式又可以分为不同的类型。就其管理模式而言，可以分为两类：一类是“以人为本”的，另一类是“以事为本”的。领袖关注的是良好的人际关系和声誉，关注的重点是部属，关注他们的感受以及他们的关系，这就是所谓的“以人为本”的领导方法。其本质是对下属的尊敬，民主，宽容，关心下属，平易近人，体贴周到。这样的领导风格的确可以提高职工的满意度和增强团队凝聚力，但是它对生产力的作用并非总成正比。领导人的首要目标是要做好工作，关注工作的过程和方法，这就是所谓的“以工作为导向”。这一领导方式的本质在于对工作任务的关注超过了对下级的关注，对下级的关注则是专横、限制、任务集中、社交少、命令性强、任务重于职能的组织。这类领导风格往往与生产力成正比，往往会使职工的满意度下降和凝聚力下降。针对现代企业的经营与企业发展的要求，采用“两种模式”相结合的“权力型”领导力。

所谓“权力型领导”，一是指领袖了解自己最喜欢的领导风格，对具体的事情要有自己的主观性，能够感觉到自己的领导效果；二是要让部属了解被接纳的领导风格、对某一具体事项的意见以及对领导的态度。

通常，领袖的治理方式有 6 种：压迫式的、专制的、开明的、威权的、协商的、集体的参与的。运用集体式参与方式，领导者对部属具有绝对的信任，并时常向部属请教、采纳部属的观点及建议，而在现代化的经营实践中，团体式的参与方式更具成效。

任何一位对人们和工作都充满热情的领袖，都会带来更高的生产力，也会让团队变得更有凝聚力。在有经验的企业中，领导者其实是计划，组织和控制的一种辅助，如果没有足够的引导和协助，那么，领袖就会给予他们更多的支持。领导者可以在工作中排除阻碍，而领袖或管理者可以创造一个能够让团队中的潜在或者显而易见的激励因素，对其产生影响的情境。这个办法的精髓在于，最高效的领袖应该能够协助他的部属，达到本地高校的目标与个体的目标。办法是，要清楚地确定岗位和劳动者的责任，排除实现成绩的阻碍；在制订工作时寻求团体成员的帮助；增强团体的凝聚力和合作意识；提高个体在工作中获得满意的可能性；减轻不需要的心理上的紧张和外在的约束；确定报酬；和完成其他与预期相符的任务。方法是在高级岗位和专业化岗位中，目标理论尤其适用，而在实际工作中，其应用意义并不显著。

一个领导人要做一个好的领袖，就需要有良好的文化素养。从一定程度上讲，一个领袖的个人行为能力要远远超过一个人的学识，这可以很好地促进两个人的关系。领袖要了解构成一个高效的领导力的各种因素，各种随机应变的方法，以及有关激励和领导的理论，并且要能把这些知识运用到实际中去。领导者应将自己置于他人的地位，设身处地地体会他人的感情、好恶和价值观念等：领导者应该以一种不含感情的方式去看待和回溯事情的原因，用一种独立的心态去评判、去思考、去做出决定、去控制自己的情绪，避免事情的不偏不倚。领导者知道自己为何会做出一些行动，为何一些行动没有引发他人的回应，而另一些行动却会引发他人的反感，甚至于产生敌对情绪。虽然有效的领导力依赖于领导者的个人品质、风格、方法等因素，但是，重视领导者群体的组合和优化领导班子，是实现领导者管理的一个关键环节，这既是实行参与管理，也是民主管理的需要。按照《中共中央关于经济体制改革的决定》，目前地方高校的领导干部从“一正多副”转变为“一长三师”，即在地方高校中配备总工程师、总经济师和总会计师，以优化地方高校的领导班子，提高队伍素质，优化整体功能；为进一步明确地方高校领导班子成员间的工作联系，促进高校领导班子成员的科学划分。

在当代的管理理论中，当每个人在总体上做出正确的抉择时，团体的综合效率比个人效率总和更高。从总体的领导功能看，如果各个领导者都很出色，而且他们的团队结构也很合理，那么，他们的领导团队应该比他们的个人能力总和更高，这是由于在个人的综合实力和“集体力”的基础之上。任何高校的领导班子，注意个体的选择是为了发挥每个个体的特长，注意群体的组合是为了发挥集体的力量。为了适应现代化和社会化生产的要求，地方高校的领导班子成员要形成一个相互协调、互相帮助、团结努力的整体。要使地方高校的领导干部队伍达到最优配置，应该遵循目标、效率、能级、取长和协同等原则，还要做到老、中青年、技术和管理、知识的广度与深度相结合，将才与帅才相结合等。

二、授权控制设定

任何一所高校都不能完全被校长一人所垄断，它必须实行工作职责的分配制，从而形成了一种授权。所谓授权，就是指上级领导或有权力的人赋予下属一定的职责和权力，让他们能够在自己的监督下独立行事。受权人对被授权人具有指令和监督的权利，被受权人有向授权人汇报和完成的义务。代理是有别于授权的，代理是以法律的名义代为完成其使命，授权则是继续履行其法律上的职权。授权和助理是不一样的，助理是在别人的协助下完成工作的，助人者没有任何的责任，但是接受者仍然要承担自己的职责，授权则是被授权者负有一定的责任。授权和分工是不一样的，分工是各自负责，没有下属，而授权就是上下级之间监督和汇报。在实质上，授权仅仅是将决策的权力下放到下属手中，而非分散决策的职责，是将权力下放，使责任向上集中。授权不是委派，授权是留有余地的，更不是权力的授意，不然的话，领导就会推卸责任，把功劳揽在自己身上。授权控制的基本职能是减轻领导的工作压力，使他们摆脱复杂的工作，让他们能够更好地思考和处理其他重

要的问题；改善职工的管理，加强职工的责任感，提升职工的工作热情和工作效率；利用下属的特长，弥补领导的不足；在实际的经营过程中，加强对下属的知识、经验和技能的训练，以增加人力资源的储备。

授权以正式或非正式的形式授权部属使用金钱；以明文规定或非书面形式赋予部属增加和使用的权利；以工作手册的形式授权部属执行日常工作，无须事先征询或等待许可。批准的时限将视乎个案而异。当一所高校出现了高层职位空缺、现有职工能力不足、有的同时担任多项重要职务、机构工作决策权被限制在极少数人手里、工作人员的主观能动性不足等情况下，必须予以必要的批准。若高校管理人士感到规划与科研的时间很紧张，在工作期间常常要处理特殊事务，而在工作中往往会受到部属的询问和打扰，则必须得到必要的许可。

授权应当根据受聘者的能力和学识的不同而定，根据情况选择和授权。在委派之前，必须经过充分的调查和准备，争取把权力交给最适合的人。授权要有明确的隶属关系，不能越级授权。明确授权权限，明确授权的目标和范围。适当的控制，避免过度授权和滥用职权，规定考核和检查效果，建立适当的报告制度。授权的权力应该由下属的能力决定，而不是机械或硬性授权。校长要保留权力，过度授权就是放弃权力，某些权力应该保留。信任，授权者和被授权者要互相信任，领导不能干涉下属的独立决策，下属要尽心尽力做好自己的职责范围内的事，不要事事请示，也不能越权。授权要有一定的原则，但不能一成不变，必须视地方高校业务所处的实际情况来决定。授权既是一门学问，也是一门艺术，所以要重视授权的技巧，例如：把精力放在管理责任上，根据工作性质分配给不同的人员，给下属以自由支配的权力，使用正式的任务命令。

三、激励机制的建立

高校行政工作的第一要务就是要营造并维持良好的工作氛围，激励职工积极参与，协助学校或单位实现其工作目标。每个机构都应该拥有一些鼓励职工工作的奖励。人类的所有的行动都是以活动为主，既有身体上的活动，也有精神上的活动。动力是一种内在的精神力量、活力，并且可以指引或引导行动以达成目标。动机是指可以应用于动力、期望、需要、祝福等所有相似的能力。领导对下属的鼓励、期望和诱导下属按期望行事。

动机指的是能够让人取得成就的东西，它包含了诸如高薪、头衔等的物质和心理上的奖励。动机是能够对个体的行动产生重要影响的事物，而这些事物会极大地决定人们想要去做的事情。个人需求可以分成两大部分：一是支持性需求，没有动机，但是必须有，如高校政策、行政管理、监督、工作条件、人际关系、工资、地位、职业安定、个人生活等；二是工作的内涵要素，如成就、认可、晋升、工作挑战性、工作上的发展等。激励理论主要包括奖惩理论、期望理论、需求即激励理论等。奖励和惩罚的原理，是通过奖励和惩罚两种方法来引导人按照自己的意愿去做，这是一种古老的方法，但它仍然是有用的。预期的内容为了达成特定的目的，人们会被激发起来，而这种行为是在他们所期待的帮助下完成的。需要是动机的学说指出，人类存在3种最基本的动机需求，如权力需求、归属需求和成功性需求，而在这种需求中，最主要的动机是工作的挑战性、地位、获得领导地位的强烈愿望、竞争的动力、恐惧和物质的需求。按照现代管理的要求，薪酬合理、正强化、职工参与管理、工作内容多样化是企业管理的有效途径和方式。薪酬是一种不论何时都能被视为一种有效的奖励方式，它会依据职工的工作表现而给职工适当的薪酬，从而更好地激发职工的工作热情。

积极加强或“行为改进”，是指通过合理地安排职工的工作条件和表彰他们所取得的成绩来鼓励他们，而对他们的工作业绩进行处罚会导致反效果。这种方式着重于消除妨碍工作绩效的阻碍，精心策划和安排工作，利用回馈进行管理，扩展信息交流。由于极少数的职工在讨论自身相关行为时不会受到鼓舞，所以职工参加到高校的经营活动中就成为一种有效的激励方式。在工作现场中的大多数人是既知道问题的所在，又知道解决问题的方法，这样做不仅可以激发学生的积极性，还可以为当地高校的发展积累宝贵的经验。参与管理符合很多基础的动机，这是一种被尊重和欣赏的方式，能够使人感到自己的归属感和被欣赏，特别是一种获得成功的感觉。职工的积极性并不是说管理者就会抛弃工作，而是要让职工积极参加，认真听取职工的建议，但需要他们进行决策的时候，还必须自己决策，下级不会干预上级的职权，也不会对优柔寡断的上级产生敬意。

把工作的内容充实起来，也是一种很好的奖励方式。它的基本方法是使工作具有更高的挑战性、重要性和成就感，比如让教师有更大的自由度来决定他们的工作方式、程序和工作的节奏；鼓励下级参与管理和教职工之间的

交往；培养教师对工作的责任心；让下属能够了解他们所做的事情，并将其工作的成果回馈给他们；让教师参与到工作中去，分析和变化的工作等方面。在选择合适的激励方式时，必须综合考虑各种不同的因素和影响，才能形成一个具有随机性的激励机制。

许多中外的管理者都相信，工作不仅仅是为了得到工资，更重要的是满足和安全。在激励机制中，领导采取了以下几种方法：劝说、奖励为主，而非命令；别把所有的事情都交给下面的人去做；给他们足够的权力；给下属设定清晰的努力方向，不必事事都要指导；关注下属，听取下属的建议；遵守承诺并付诸实现；对下属的任务要前后一致，不能在半路上突然改变主意；要做到事先检查，做到防患于未然；建立一个让下属遵循的简易规格；即使下属犯了错误，也要冷静地进行批判；为将来做好规划，鼓励下属的工作；要有信任，不要轻易做出评判；要对下属给予恰当的赏赐；让下属和谐共存，但是不要搞小圈子。建议领导人在奖惩上要做到公平，不要搞平均奖、轮流奖、倒挂奖、人情奖、固定奖、花样奖、红包奖等，以避免懒惰、退缩、占欲、赌气、对立、懈怠、投机、离心等负面情绪。

四、建立信息交流的机构

信息交流是指在一个团体内，由组成团体成员的概念及信息传递与理解的一个流程。这是为了履行机构的职责和完成工作所必需的工具，能增进彼此的理解，加强团体的实力。信息交流旨在增强职工凝聚力，充分利用团队协作能力；改善商业运作方式，提升企业生产力，理解相互需求；降低不必要的损耗，防止突发的事故，高效完成高校的任务。在地方高校中，信息交流对于充分利用其功能十分重要，其功能包括：制定和传递当地高校发展的指标；制订实施计划；有效地安排人员及其他各种资源；选拔、培养和评审工作；领导、指导和激励职工，营造一个能让职工乐于奉献的氛围，对工作流程进行管理。信息交流除了语言、文字、地位和物质方面的障碍和困难外，也存在沟通规划不足、未经阐明的假定、错误的意思、错误的传达、丢失和忘记的消息、忽视的听力和判断力、猜疑、威胁和恐惧、时间不足等。

在信息交流中，可以分为两大类：正式交流和非正式交流。正式交流是与正规机构相匹配的，根据传播方向分为上行、下行、平行3种。上行交流，是指从底层向上层传递消息，通过向上级汇报和提出自己的意见。这样的交流方式更利于职工的参与和管理，使教师乐于服从领导的指令，既能让教师感到自己的尊严得到充分的发挥，又能更好地为领导做出决策；通过对下属的反馈，可以知道下属的工作是不是按照领导的意志来完成的：这有助于激励下属提出宝贵的建议；能够接纳下属的直言不讳，能够迎合下属的根本需求；与民主的理念相一致。下行交流，也就是从上层向底层传递消息的方法。这样的交流模式可以有助于企高校达到实施的目的；提高全体职工对自己工作的满意度和提高；提高团队协作精神；使职工了解、认同和支持高校的现状；帮助高校进行决定与管理，能够降低错误理解或错误信息；降低职工对工作的怀疑和担忧。并行交流，是指同一层级之间的交流，也就是同一层次或相近层次人员之间的信息交流，例如：高级经理、中层经理和基层经理之间的交流。并行沟通有利于弥补上下沟通的缺憾；让职工有更多的机会去认识其他高校，建立他们之间的友情。非正式交流是一种既能解决职工需要又能弥补正规交流体系的缺陷的非组织性交流。人们之间通过社交活动而形成的非正式的交流；非正规交流大多来源于专业知识和喜好聊天的习惯，没有什么规律可依；在不经意间，不受空间、时间和内容限制的情况下，进行了非正式的交流。而作为一种正规的交流方式，由于其传播速度很快，具有高度的选择性和目标，能够快速反应，能够快速地做出评估。非正式的个体间的交流可以分为单线传递、流言传递、偶然传递、集中传递。按照沟通的方法分为文字沟通、口头沟通、电子化沟通等。组织是交流和交流的工具，而社会是交流和交流的纽带。

信息交流包含五大基本内容：第一是发送者，也就是有意识的、有目的的发送者，例如发言人、建议和发令人等；第二是传播过程，也就是传达观点时要有特定的传播媒体和途径；第三是交流程序，如命令、规则、通知、报告、公函、手册、备忘录等；第四是接受信息、指令、报告和任何交流程序的人；第五是预期的回应和效果。在实施下层交流时，领导要清楚下属的工作状况、愿望和个人问题；领导应具备积极交流的心态；组织内部要制定一个全面的交流方案；一定要赢得职工的信赖等。在实施上行交流时，领导应与下属平起平坐；与职工定期召开工作讨论会；建立建议制度，建立公平合理的制度。实施并行交流的重点是能否恰当的委派管理；交流方式有电话、汇报、会签、业务理解和共识等。在理论上，交流是一种协作的方法和方式，它的目标是让高校内部的工作人员能够以分工合作、整齐的速度完成任务。

交流寻求观点和理解的统一，而合作寻求行为的统一。加强信息交流与协作，学校要积极主动地开展各项工作，并制定相应的会议记录系统；建立工作流程网络，便于实现自动化的沟通；设立顾问，专门负责联络工作；利用开会形式，加强沟通，精简文件报告；通过新闻媒体对高校进行新闻报道；运用计算机进行准确的数据分析，建立建议书柜；一对一访谈，掌握教师需要；运用培训手段，加强联络能力等。

地方高校是一个由人力、财力、物力等多种要素构成的多层次的综合性高校。各系统的内部控制与相互关联都必须以信息的方式进行交流，以实现物力与能源的有效流动。比如，就是组织与组织、人与人的信息交流，而信息的收集、处理和反馈，则是激发教师们努力工作的动力。

第四节　高校内部控制

一、高校内部控制定义

高校是按照国家有关标准和一定的审批程序设立，从事科研、教学任务，为社会输送各行各业所需人才的机构。按照高校资金来源分为公立院校和民办院校。公立院校所有权为国有，是以国有资本等财政经费设立，而民办院校是由企业事业组织、社会团体及其他社会组织和公民个人及其他教育机构利用非国家财政性教育经费，面向社会举办的高校。高校研究的对象为公立院校。根据《事业单位登记管理暂行条例》可知，事业单位是指国家为了社会公益目的，由国家机关举办或者其他组织利用国有资产举办的，从事教育、科技、文化、卫生等活动的社会服务组织。高校为事业单位，其内部控制适用于财政部于2012年11月29日颁布的《行政事业单位内部控制规范（试行）》相关的规定。

根据相关规定，行政事业单位内部控制目标为合理保证单位经济活动合法合规、资产安全和使用有效、财务信息真实完整，有效防范舞弊和预防腐败，提高公共服务的效率和效果。结合企业内部控制理论，可以将高校内部控制定义为高校的各级管理层为了保证经济活动的合法合规、提高资源的合理配置、维护资产的安全性、确保财务信息的真实可靠、提高公共服务的效果和效率而采取的一系列控制措施、方法和程序，以防范和规避风险。

二、高校内部控制的目标

根据试行的《行政事业单位内部控制规范》中内部控制的目标：合理保证单位经济活动合法合规、资产安全完整、财务信息真实准确，提高公共服务的效率和效果。本书认为高校内部控制的目标应与此一致：

一是合法性。高校经济业务活动合法合规，高校的各项经济业务活动必须遵守国家的法律及遵照事业单位、高校相关的规章制度，以此为准绳，开展各项活动。

二是安全性。资产安全完整，高校健全的内控制度能避免学校资产丢失、非正常损坏，减少人为因素造成的资产流失，切实从制度上确保资产的安全完整。

三是可靠性。财务信息真实、准确，客观真实的财务信息才可以使高校确定自身的发展和规划，使各项计划更加准确，为高校的科研、教学、管理提供了支持和帮助。同时在一定范围内公布财务信息，能够提高高校在广大师生心目中的地位及在社会上的声望，树立良好的形象。

四是效率性。提高科研教学以及管理的效率和效果，要求高校结合自身管理和提供服务的环境，通过健全有效的内部控制，不断提高科研教学以及管理的效率和效果。

三、高校内部控制原则

高校内部控制原则如下：

（1）全面性。高校内部控制活动应该贯穿于高校的科研、教学、管理等活动。包括单位层面和业务层面的活动，包含但不限于财务活动、采购活动、基建活动等，同时也体现在任何一项活动的计划、实施、监督阶段，而不是单纯的某一项活动的某一阶段。

（2）重要性。高校筹措资金来源渠道的多元化，使得高校资金不再仅仅只是依靠财政资金，导致管理活动十分复杂。内部控制应在兼顾全面性的原则下，权衡重要性程度，对重大经济活动进行重点管理。

（3）制衡性。高校包含的各级学院（部门）较多，在进行内部控制时，应遵循不相容职务分离的原则，对经济活动的执行、决策、监督应当进行有效的分离，同时做到责权对等、相互制约、防范规避风险。

（4）适应性。由于内部控制本身比较抽象，导致在执行过程中就会出现对有关要求的生搬硬套，不能灵活实施。在复杂多变的外部环境下，实施内部控制就要适应环境，在实施的过程中来不断调整内部控制程序，当外部环境发生重大变化时，要对内部控制进行分析调整。

四、高校内部控制特点

本书研究的高校为国有公立高校，属于非营利组织的性质，是我国事业单位的组成部分，遵守事业单位相关经济法规制度。研究高校内部控制的特点，可通过对比事业单位与企业内部控制的区别、高校与事业单位内部控制的区别，结合高校自身的特点，总结归纳出高校内部控制的特点。

（一）事业单位与企业内部控制的区别

行政事业单位相比企业来说，由于不以营利为目的的独特性质，内部控制存在以下几个方面的不同：

（1）内部控制的内容方面。行政事业单位主要涵盖单位层面和业务层面两部分，单位层面主要包括会计与信息系统、组织框架、运行机制、单位文化、监督评价等方面，业务层面重点包括预算管理、收支管理、政府采购、资产、建设项目、合同6个方面的内容；而企业内部控制的内容是围绕着价值链的，包括采购、加工、销售等各方面。

（2）内部控制的目标方面。事业单位与企业内部控制目标的相同之处在于都要确保自身各项业务活动能够遵守法律法规、资产安全完整、各种财务信息证实可靠，区别在于事业单位是不以营利为目的的，服务于社会，内控的目标是提高事业单位为社会或所在领域服务的效率与效果；企业是以营利为目的的，实现利润最大化，因此内控的目标是不断提升企业的经济效益，使企业得到长足稳定的发展。

（3）内部控制的原则方面。两者在内部控制时，内部控制的原则都需要考虑全面性、重要性、制衡性、适应性。区别在于事业单位不以营利为目的，财务活动涉及税收的甚少，在日常财务管理时很少考虑成本、费用等因素，而企业更加注重成本和效益，在日常生产经营时要考虑生产成本、所花费的各类费用，以及最后的收益等，在进行项目决策时还要进行成本效益分析。

（4）内部控制的控制活动方面。事业单位是非营利性组织，内部控制涉及的控制活动是事业单位各自业务活动以及预算执行情况和结果，体现在预算管理、各项收入与支出、物资设备采购、固定资产管理、建设项目等方面；企业是营利性组织，内部控制与其生产经营活动紧密相关，业务活动从采购、生产到销售环环相扣。

（5）内部控制的监督方面。事业单位内部控制的监督主要靠内部审计和纪检监察部门，以及上级分管部门检查和上级审计部门的监督，由于相关信息不对称，外部监督力度较小，主要依靠上级纪律检查部门；企业除了内部审计部门外，还依托会计师事务所进行审计，上市公司的财务报告还要接受社会公众的监督，总的来讲监督力度较大。

（6）内部控制的研究及重视程度有差异。事业单位内部控制理论研究较晚，缺乏成功的经验借鉴，内部控制体系不完善，单位领导主要重视本单位社会声望，将社会效益排在首位，对内部控制重视程度不够；而企业内部控制的研究起步早，发展相对成熟，并且企业的经济效益直接关系到自己的经济利益，所有者的收益与此密切相关，因此对内部控制重视程度较高。

（二）高校与事业单位内部控制的区别

高校和事业单位在内部控制的原则上是相同的，但是由于高校业务活动的不同，导致高校内部控制目标、控制活动、复杂程度与其他事业单位不同。

（1）内部控制目标有所差异。高校内部控制总体目标符合事业单位内部控制目标，但是在具体目标方面还存在差异：高校内部控制的目标是科学配置学校资源、努力节约支出、提高资金使用效益、规范学校经济秩序，对学校经济活动的合法性、合理性进行监督，为培养人才，开展教学、科学研究和社会服务，保证教育教学质量达到国家规定的标准而服务的。

（2）在控制活动、范围、复杂程度上有所区别：

① 高校与事业单位内部控制的主要区别在于高校业务活动较为独特，导致控制活动不同。高校的教学工作区别于其他事业单位的业务活动，是高校工作的中心，在教学方面，学校的各级领导都较为重视，因为学校教师队伍素质的高低、日常教学管理水平的高低会直接影响教学质量的好坏。因此，加强对教师的培训、日常教学的管理是十分重要的。高校的科研任务也区别

于其他事业单位的业务活动（除了科研单位外）。随着高校进一步的发展，承担的科研任务逐步增多，课题经费包括横向课题经费、纵向课题经费等，因为资金数额大，加之部分科研人员对经费的使用存在一些错误认识，所以在使用中存在虚报、不按时结账等情况，因此加强科研经费的内部控制也应纳入高校控制活动中。高校收取学费等工作也是高校特有的，在此过程中，工作量大，收缴方式有直接缴纳或者通过银行卡等，还有的高校举办各类培训班以及设有一些函授站等，需要到外地收取学费，这些都需要建立健全内部控制的制度，加强内部控制建设。

② 高校与一些经济业务活动较简单的事业单位（如博物馆、培训中心等）相比，在内部控制的复杂程度上有所不同。随着高校进一步的发展，高校收入来源从单一走向多渠道，高校开展教学和科研等业务活动的资金来源主要有财政补助收入、事业收入、经营收入等，但一些收入属于专项资金性质，要求只能用于专门的项目；高校支出多用于教学支出、科研支出、后勤支出、其他业务支出等。高校的经济业务活动除了财务上的收支业务外，还涉及预算、基建、采购、资产管理等许多方面，加之学校的师生职工人数也比一般的事业单位要多，因此涉及的相关经济业务活动也较多，这些在无形中都扩大了高校内部控制的范围，而其他的一些经济业务比较简单的事业单位，像政府下属的一些事业单位如博物馆、培训中心等，控制活动也就比较单一。由于高校经济业务活动较多，相应内控范围较广、较复杂。

（三）高校内部控制的特点

1. 高校的特点

高校的特点如下：

（1）经营目的的非营利性。高校作为培养人才的基地和摇篮，不以营利作为主要目的，尽管有的高校办了一些校办产业等，但是这些都不是高校的首要工作任务。高校的首要任务是根据国家的计划进行招生，培养各学科的、各领域的人才，提供科学研究成果和相关的服务。

（2）所有权的国有化。财政拨款目前是高校的主要财政来源，国家作为高校的出资方，拥有所有权，委托高校的负责人对高校进行管理，在我国实行的是党委领导下的校长负责制。

（3）教学科研与管理的并重性。高校作为行政事业单位，行政管理十分重要，同时由于担负着科研教学任务，使得科研教学成为高校管理中的另一个中心，因此，教学科研和管理这两个方面的平衡，成为高校管理的特色。

（4）经济业务活动的多样性。随着高校的发展，除了正常的教学活动外，还涉及基建、采购等经济活动，范围相对较广，情况相对复杂，这从某种角度上讲也增加了内部控制的难度。

2. 高校内部控制的特点

高校内部控制的特点如下：

（1）高校内部控制最主要的特点是其业务活动的独特性导致控制活动的独特性。高校的教学和科研（除科研单位外），以及学费的收取等是独特的业务活动，区别于其他单位的业务活动，由于这些业务活动不同导致控制活动不同。科研经费如何更好地发挥效益，规定应在哪些范围内列支，如何确定审批权限，如何真正将科研经费落到实处，在学费以及各种培训班费用的收取中如何加强管理、规范收费的流程，这些活动都属于活动范畴。

（2）高校的性质和业务活动的特点决定了高校内部控制区别于其他经济业务较简单的事业单位，其内部控制的主要特点归纳如下：

① 内部控制范围上具有广泛性。随着高校进一步的发展，高校的经济业务活动除了财务上的收支业务外，还涉及预算、基建、采购、资产管理等许多方面，在无形中扩大了高校内部控制的范围，都应当涵盖到高校的内部控制的内容中，同时高校内部控制还应当包含组织机构的设置、重大经济事项议事决策机制、不相容岗位分离、内控队伍建设、信息化建设等保障措施，以上这些控制活动、组织机构与保障措施等都需要纳入高校内部控制的框架体系中。

② 内部控制内容上具有复杂性。首先，现阶段高校经济活动多元化，存在多种性质的经济实体，既有从事教学、科研活动的单位，又有从事服务性、生产性的单位，有的部门“收入比支出多”，还有的部门“只有支出没有收入”。其次，高校经费来源呈现由单一性走向多元化以及支出的多用途性，经费来源有财政拨款、捐助、贷款等，高校的收入项目包括了收取的学费、住宿费、培训费、开展科研及其辅助活动的收入、利息收入等，还有的学校具有经营收入、校办企业收入；支出项目包括了教职职工的工资、奖金、社保、公用经费、科研和教学建设支出、基建和采购支出等。最后，高校的经济活动涉及预算、采购、后勤基建各方面，会计业务量大，核算体系包含内容多，如预算会计、基建会计、企业会计等，核算内容较复杂。

③ 内部控制目标具有多元化趋势。随着高校的发展，其内部控制不仅仅要保证资产安全、各类财务信息的真实准确，还必须保证采购、筹资、基建等各类经济业务的合法合规。高校作为事业单位，具有非营利性的特点，加之高校具有科研、教学、管理并重的特点，高校内部控制的目标还应当包括高校结合自身管理和提供服务的环境，加强自身管理的控制能力，通过健全有效的内部控制，不断提高科研教学以及管理的效率和效果。

第五节　业绩考核与控制的探讨

当前，地方高校的管理体制正处于逐步推进之中，按照“按需设岗”“公开招聘”“平等竞争”“择优聘任”“合同管理”“按劳取酬”“优劳优酬”的管理体制。传统的高校师资评价方法，其评价目标、指标体系、方法等方面都有诸多问题，很难全面、客观、公正地评价高校师资队伍的绩效，必须运用现代的人力资本管理思想与方法，对现有的考核方法进行变革，使之适应现代高校的教学体制改革。

一、建立激励体系

在人力资源的视角下，业绩是企业的工作表现与工作成果。工作表现是职工在多大的范围内，能够实现既定的工作任务。在我国，高校的人力资本经营理论与实践中，高校经营业绩评价是高校人力资本经营的一个主要内容。但是，高校校园内的人力资源与企业自身的特性存在差异，因此，在高校中如何有效地利用企业的人力资源管理，已成为当前学术界研究的焦点。当前，由于我国现行的高校教师业绩考核制度还没有健全，无法对其进行系统的考核，从而制约其工作的积极性，进而制约其可持续发展和核心竞争能力的实现。应改进现行不科学的评估制度，构建一套更为科学、合理的、有利于激发和促进高校师资队伍建设的考核机制。

（一）开展高校师资工作的地方评估工作流程

1. 制定业绩评估的指标和评估方式

基于对现有的人力资本业绩评估的理论和实证分析，提出了一套适用于高校教学的评估指标和评估方法。

2. 执行业绩评估工作

采用标准的高校师资评估问卷，对其进行综合评定。

3. 对业绩评估的结果进行分析和回馈

在评估完高校教师的工作业绩后，应对其进行及时的分析和回馈。根据考核的成果，高校人事管理机构根据各个专业的具体情况，根据评估的反馈情况，制订出相应的奖励和晋升对策。

（二）建立高校师资评估工作的基本准则

为了确保其客观、准确，在构建高校师资评估系统时，必须遵守下列的设计准则。

1. 依存度的原理

关联原理是高校教师工作业绩评估指标体系的建立与高校教师工作业绩挂钩，高校教师绩效考核是引导和帮助高校教师完成工作目标甚至实现自己的自我价值。所以，在建立考核指标时，必须以高校教师的个人发展和个人的价值为目标，并将其与教师的个人发展联系起来，以此来建立一个综合评价的指标，以促进高校教师的工作热情。

2. 综合量化和质量评价的原理

质（主观）和量化（客观数字、业绩等）的衡量标准是衡量一个人的工作业绩的主要标准。在业绩评价中，单靠定性和定量分析是不够的，许多指标都是定性的，不能用量化的方法来表达，也不能用量化的方法，可以用其他方法来量化。量化指标能够客观、清晰地表达业绩，而质指标是对业绩表述的一个补充，是对业绩的一个侧面。在业绩评估中，量化与质的综合运用，为业绩评估提供了有效的保障。

3. 切合实际的原理

评估指数的编制要切合实际。评价的指标体系要繁简适中，便于统计，而且需要的资料要容易搜集。各类评估所需要的数据应当是可以从目前的统计资料和正在进行的审核工作中得到的，也可以由专业人员核查来确定，这些评估的内容和范围应该是有限的，这样才能使高校人力资源管理机构在实践中进行评估。

4. 比较和全面的原理

为了保证各项指标均能用于衡量和评估高校教师工作业绩，并能对其进行纵向和横向的对比。同时，还要保证评估体系能够全面、综合地反映出各个方面的作用。

（三）高校师资评估的特征与功能

高校教师是一个特殊的团体，它在价值观、任务、行为方式、工作产出等各个层面都具有自己的特色，这就使得这个特殊的群体在工作中的业绩也具有一定的特殊性。为此，要对高校教师的业绩评价系统进行改进，必须从其自身的特点入手，从而制定出有针对性的评价系统。

1. 业绩指标具有双重性质

在价值取向方面，高校教师的个体诉求呈现出两方面的特征。大多数高校教师，之所以会选择教师，是因为他们热爱自己的工作，希望自己的生活能得到回报。生活价值的实现，是它的真实目标。然而，他们也有追求金钱和地位的欲望。这一价值导向的二元属性，使其在业绩指标上具有双重性。他们既要遵守校规，又要完成各种工作，以获得金钱、职务晋升等各种好处，又要在工作中不断提高自身的技能、提高自身素质，从而达到人生的价值。

2. 不同的业绩输入和输出

高校承担着培养人才、科研和为学生提供科学研究和为学生提供服务的功能。高校教师的工作职责与之对应，包括教学、科研、社会服务等。不同的价值观会使高校教师在工作中的工作重点不同，进而产生不同的工作方式。比如，有的高校教师热衷于教书，是因为他们相信高校的首要使命是为国家的发展提供优质的人才，所以，对优秀的学生进行教育是非常有意义的；还有一些教师认为科学研究和管理知识必须尽快转变成生产力，为社会服务，他们更喜欢联合企事业单位，为社会服务。高校教师的工作任务和工作行为的多样性，使得他们的业绩表现呈现出多样性，既包括教学成果、科研成果和社会服务效果，也包括各种不同的输出方式。

3. 无法测量业绩的成果

高校师资队伍建设的成效主要体现在教学效果、学生综合素质培养成果、科研成果质量和数量以及社会服务效果等方面。而高校教师的工作业绩也要体现在政治思想、工作态度和专业素质等方面。可见，任何一种业绩的成果，都很难用定量的方法来度量。比如，要定量地评价教师的教学成效，可以根据学生的测试表现，比如优秀率、合格率等，而在教学中，教师对学生的“隐性引导”等，则难以用定量的方法来评价。又比如，高校教师的研究结果，可以从项目数量、出版著作或教材数量、发表论文数量等方面进行评价。

然而，研究的重点在于质，而不在于量，在于它的品质，则必须要有足够的专业背景，有足够的专业背景，才能做出正确的判断。为此，构建我国高校师资队伍建设的评价体系显得尤为必要。

（1）要对业绩考核目标和考核对象有一个准确的理解。在现代的 HRM 中，企业的业绩评价既能给企业的薪酬分配、职位的升降等方面也能起到一定的作用；它的目标是让职工认识到自己的长处和短处，以便在今后工作中充分利用自己的长处，弥补自己的缺点，进而提升自己的业绩，促进企业业绩的提升；此外，企业的业绩评价也能为人力资源规划、招聘与选拔、职工的培养与发展等方面的信息。作为知识工作者的高校生，其最显著的特征是：创新意识强、个性强、自主性强；可以断言，高校教师的心理需要已经超出了对物质的需要。高校要全面了解高校师资评价目标、评价对象特征，并将其融入评价系统中。结合教师自身的具体状况，进行系统的规划，广泛宣传、讲解，使各个单位和全体教师对考核的目标、重要的认识，以利于对考核工作的支持与合作。

（2）建立健全评价工作业绩的评价指标。在评价工作中，业绩评价的关键是评价指标。鉴于高校师资队伍建设的多样性与复杂性，评价系统应具备多样性与完整性，在教学中不仅要尽可能地覆盖其所包含的内容，而且要做到质与量的统一，充分发挥二者各自的优势，尽可能地制定合理的评价标准，从而达到对高校师资工作的科学化。评价的目标是基于工作分析，科学、具体地分析各个岗位的具体工作，并从中总结和归纳出每个岗位的工作重点。本书提出了我国高校师资评价的评价体系，既要确定评价的内容，又要明确评价的各个环节在评价系统中所占据的比例。长期以来，我国高校师资队伍建设中存在着过分强调研究结果的问题。本书作者提出，在评价制度中，教育成效与科学研究的比例应当根据各院校的实际状况来确定。如果是研究性高校，那么科研的比例可能会比较大，但是，作为教育性高校或者教学研究性高校，主要是为了培养应用性的人，那么就必须注重教育的有效性。值得注

意的是，在制订评价指标时，应该把受测人——教师也包括在内。在现代高校人力资本的运作中，评估人员的参加不但可以提高评价的正确性，也可以让评估人员对该系统有一个更好的认识和理解，以便在执行过程中更好地合作。

（3）选用适当的评价办法；考核方法是否得当，将影响到整个考核系统是否科学、是否全面、客观、准确。在评价的层面上，大部分学者都倾向于采用360度的业绩评价。360度业绩考核也叫全方位业绩考核，是由评估者选取被评估者的上级、同事、下属、被评估者本人、客户及专家等，从不同的视角对被评估者进行全面的、全方位的评价。该评价的评价对象包括：领导、同事、学生、专家以及其他有关部门。各科室的主要负责人对各科室的教师的状况较为了解，有利于在同一类型的教师中进行对比，并做出宏观、整体的评价；同事和被评教教师平日里沟通多、关系多、彼此认识多，因而能做出较为详细的评价；在教学过程中，学生是“客户”，通过与教师的直接交流，可以直观地感觉到教师的思想素质、工作态度和教学质量，从而更好地体现出他们的教育和教学状况；客观地评价自己的政治思想、工作态度、专业素质和工作业绩，可以让受评者对自身的了解更为清晰，从而了解自身的长处和短处，进而有助于受评者在未来的发展中更好地利用自身的长处和避免自己的短处。专家的学术造诣和在业内的广泛应用，能够比较客观、准确地评价被评估人员的专业素养和学术水准；在工作绩效方面，有关的社会组织必须做出相应的评估。该绩效评估的具体途径也多种多样，根据评价对象和被评价对象采用了多种形式，例如：网上评比、座谈讨论、演讲陈述、投票、调查了解、个人访谈等。比如调查了解，与被评估员的个人沟通，对领导的评定是有益的，网络评语是对教师的评语，是对同行和专业人士的评语，是对被评者的评语，对同样的指标或评估对象，可以采用适合的、不同的方式进行评估。

（4）对评价的效果进行有效的回馈。评价结果的评价与评价系统之间的互动，直接影响着评价目标能否达到。评价结果一经公布，有关单位负责人或人事单位应当就评价的成果与受评人进行交流，让被评估者能够及时地认识到自身的长处和短处，并能为受评人找到利用自身长处、补短处的方法，从而在评价过程中不断地改进和完善自身，并在持续提升自身业绩的过程中促进高校业绩的提升，从而达到个人和组织的共赢。高校要将考核成果与其他各方面相结合，将考核视为教师的一种“教师的经营过程”，即教师的规划、作用、培养、晋升等方面的辅助作用，同时也是对评价成果的有效运用。比如，在评价的基础上，要以评价的高低来确定其收入的高低，并以此来确定对学生的影响；在职业生涯管理、进修培训等方面，要把考核的成果纳入职业生涯管理、进修培训等各个方面，以促进其自身素质、自我修养、实现自我价值。

（四）业绩评价的定量

高校业绩评价是一个多维的范畴，高校经常会产生多种产出，并采用多种计量单元来衡量，因此，高校的业绩评价系统往往包含了很多的、多方面的评价指标。高校的业绩评价指标及其评价方法是对高校业绩进行全面、客观的评价，其影响着高校业绩评价的科学性、客观性、公平性和执行成效。指数系统的确立是进行预测和评估的先决条件和依据。是把抽象的研究目标按其基本属性和特性的一个标志进行拆分为可操作的、行为化的、并给每个要素（也就是指数）分配一个适当的加权。要让评价指标系统更好地体现出对象的特点，尽可能做到更加科学化、更具客观性，就必须引进定量的方法或数学模式，从而有助于建立评价指标系统，评价政府机构的业绩。近几年，国内外不少专家和学者对此展开了研究，运用了3种不同的评价方式：基于模糊综合评价法、包络分析法、层次分析法。首先，评价指标的确定具有主观的随意，尤其是专家的选择、专家人数和专家评分等问题；其次，多指标大样本无疑能为综合评估提供大量的资料，但同时也使评估工作变得更加复杂。每个指标从不同的角度、层次上都能反映出评估对象的具体情况，但这些指标间常常有某种联系，这些信息会相互叠加，从而造成统计分析的扭曲。而因素分析方法能够很好地突破上述限制，从而对高校的业绩做出更好的评估。因素分析是近年来比较受欢迎的一种多因素的统计方法。该方法是将原始观察中的各个变量用少量的线性函数和特殊因素的和表示出来，然后根据关联矩阵的相互依存关系，将复杂的变量归结为少量的综合因素。在观察各种自然现象时，常常会获得许多不同的指数（变数）。在提供了大量的资料的基础上，也为资料的处理增加了难度。此外，这些因素中也有一定的相互关系，使得测量资料中的某些信息有可能出现重叠。因素分析方法是将多个因素缩减为若干因素，使其尽量不丢失，从而使这些因素能够对海量的资料进行很好的总结。通过这种方法，可以在一定程度上降低变元数量，同时也可以使各变元的内部逻辑联系得以重现。在进行研究时，依据关联度的强弱将原变量进行分类，从而导致同一组中各变项具有更高的关联度，而各组之

间的关联度则更低。每个变项都是一个能反映问题某一层面或一维度的基础架构（因素）。以各主要因素的变异系数为指标，建立了一种新的评估方法，既可以对原始变量进行简单处理，又可以有效地处理指标之间的重复，从而使评估的结论更具客观性。

二、地方高校教师绩效评价模型的建立

在对高校教师绩效进行评价时，简单定性分析方法当然不能准确衡量各个教师的综合绩效水平，而用简单的量化方法又不能反映教师绩效的各个因素对于高校教师总体绩效水平的综合影响。因此，作者在提出的高校教师绩效评价指标体系的基础上，采用层次分析法来对反映各级指标间相互影响因素的相对重要性的权数进行确定，构建模糊综合评价模型来对高校教师绩效水平进行模糊综合评价。其具体评价模型为：

$$B=A\times R$$

$$V=B\times X$$

其中，B 表示评判结果矩阵；A 表示权重集；R 表示模糊评判矩阵；V 表示评价结果；X 表示评语集。

运用该模型对于高校教师绩效水平进行评价的具体方法如下：

1. 因素集的建立

以教师绩效为评价目标，将目标的要求逐级分解到具体指标，根据指标因素内涵大小和指标间相关程度，划分为目标层、准则层和指标层 3 级。

2. 评语集（X）的建立

综合考虑各因素对于教师绩效的影响，将评语集确定为 X={ 较高，较高，中等，较低，低 }，为了便于分析，得到数值结果，可以将评语集具体量化为 X={100，90，70，50，30}。

3. 确定权重集（A）

评价指标的权重可以表征评价指标的相对重要性大小；权重的合理与否直接影响着综合评价的结果；由层次分析法计算各个指标层的权重大小。

4. 确定模糊评判矩阵（R）

通过专家打分、调查、座谈、讨论和个别访问等方式，对不同性质的评价指标进行分析，得出评判隶属矩阵 R。

5. 计算评判矩阵（B）

根据公式 B=AB×R 得到用于评价的评判矩阵 B。

6. 得出评价结果（V）

最终评价结果由 V=B×B×T 得到，最终评分分值越高，说明项目在所有评价指标上的综合表现越佳，从而说明教师绩效水平越高，反之亦然。

如某高校拟对本校教师进行一次统一的工作绩效评价，并以评价结果作为教师年终工作考核的主要依据。下面将通过对某一特定教师的工作绩效水平做出评价。将评语集 X={100，90，70，50，30} 代入公式 V=BX 中即可得到最终的评价结果 V，且最终评判结果 V 的值介于 30 和 100 之间。若 V 值越接近 100，则说明该教师的绩效水平就越高；越接近 30，则说明该教师的绩效水平也就越低。

三、地方高校的工资管理

编造领薪人姓名，不严格执行考勤考核制度，不按考核结果计酬，超发工资或未按规定支付离职、退休和死亡职工工资，在当地高校中屡见不鲜。通过对薪酬管理的有效管理，可以有效地遏制以上的欺诈现象，从而有效地激发全体职工的工作热情，进而促进企业的工作效率和工作的品质。

（一）工资管理的基本要素

工资周期管理的内容是：人事资料管理、人力资源规划、人员招聘、人员培训、人员考核、人员晋升、工资表编制、工资发放等。

1. 管理人员功能

各地各高校的人力资源管理机构应结合高校的具体情况，提出职工计划、工资预算、分配方案和训练方案。例如，针对目前高校的人员现状和今后的发展需求，制订人员计划；根据人员计划、劳动法及有关法律法规及高校工资制度，编制工资总额的概算；依据高校职工的分配状况，制定工资总额预算和工资分配制度，制定工资分配方案和绩效考评和惩罚措施；针对人员的能力现状，结合实际工作及今后的发展规划，制定培训方案（如岗前培训、常规培训、业务技能培训、专职脱产培训）。以上方案编制完成后，须经高校主管审批，并委托人力资源主管机关实施。高校主管也应当委托人力资源主管单位，指派专门人员进行工资报表的制作，并安排专门人员进行档案的存档和保存，并对职工的绩效进行考评。

（1）用人单位在招聘新职工时，必须遵守国家相关的法律、法规和高校发展的要求。人力资源主管机关应当按照已核准的人员计划，采取适当的聘用办法，编制聘用人员表，报主管机关审核。用人单位应当以高校为单位，与用人单位订立聘用协议。劳动合同的条款：合同期限、工作岗位、劳动保护、工资福利、奖励和惩罚、合同终止和解除的条件、违约的义务、劳动纠纷的处理。对试用期届满的职工，由人力资源主管机关依据考核结果和日常考核结果，向主管机关提交审核。职工被聘用后，应当按照"人尽其才，人尽其职"的工作方式来分配工作。聘用后，经人力资源主管机关对其薪酬进行审核，并将其记录在册。新入职人员的姓名、工资标准、扣除项目和起始时间要及时告知工资部，并将其转交给新入职人员所在单位的负责人。

如果职工的薪酬发生变化，人力资源部门应当在职工的个人档案中记录新的信息，并在生效日期之前告知薪酬部门。职工被暂停工作，人事单位需要向工资部门发出辞退通知书。薪酬处的工作和在编制薪水时所列出的名字和薪水的条件等，都要按照高校颁发的官方证件来执行。

（2）在对职工进行培训时，要根据高校的发展计划，全面地兼顾职工的质量。对新招聘的人员，按照训练方案进行上岗前的训练。训练的主要内容有高校概况和要求、职业道德和规章制度等。对职工的日常培训要根据高校的实际情况和新的法规和规章的规定来进行。专业技术训练，可以根据新材料、工具、技术应用的需求来组织，也可以根据职业技术的转型和提升而进行。对有必要进行在职人员的培训，要经过高校领导的同意，有系统地进行合理的安置，但要根据工作的实际情况，做好顶岗工作，不能破坏工作的正常进行。为了促进高校整体的质量和技术水平的提升，高校应当采取一些激励措施来激励职工积极学习新技术、新知识。

（3）人力资源管理机构应当认真落实对职工的考评制度，实行客观公正的考评，以考评的成绩作为对职工进行奖惩、培养、辞退、晋升和调整的基础。高校按照考评制度，每月、每季度或每年度对职工进行考评，并按考评的方式向人力资源主管机关反馈。评价的成果也要及时向职工反映，有助于他们改善自己的缺点，发挥自己的优势。人力资源部门将各个单位的考评和需要的奖赏进行统计，并根据相关的调查结果，给出相应的奖罚建议，上报主管机关审核。经人力资源主管机关审核后，完成有关的工作，对表现优异的，请专业人士填写一份奖金表，交给财务部；加薪、升职的，要按有关的政策进行登记。用人单位收到有关处罚的申请书后，要认真地按照高校的奖励和处罚条例，认真调查，听取本人意见，征求工会意见，核定工作后，提出处罚意见，报高校管理者批准。经人力资源部审核后，处理处罚事宜，扣除工资或奖金的，应由专业人士填写工资扣款表，并将之交予财政，其余处理依据相关人事管理条例。

（4）按照高校的相关人员管理规定，由人力资源部门负责人员的离岗、调动等程序。如果发生了合同中的离职情形，则应填写离职申请书，提交人力资源部门，或者直接填写离职申请书。人力资源主管单位应当根据合同的相关规定，对相关条款进行审查，并提交高校主管批准。经用人单位同意后，再经人力资源部向职工和所属单位通报，按照有关程序进行移交，并将有关人员的资料存档。对于由于工作或考试要求而发生的人员变更，由人力资源主管机关填写工作人员变更申请书，经主管机关核准后，由人力资源主管机关负责，并将人员资料存入备案。职工离职，通常要以书面形式提交给所属单位，经人力资源部门审核后，主管机关审核，经用人单位同意后，再通知职工进行交接，并将其档案录入。

2. 管理薪金

各级各高校都要制定相应的薪酬核算体系，合理确定各高校的薪酬水平及核算办法。工资通常包括基本工资，奖金和工资福利、薪酬核算体系的组成要素如下。

（1）工资的核算应当基于出勤率。为此，各地高校要制定和完善的职工出勤管理体系，并对各种休假时间和薪酬进行了详细的说明。学生的日常出勤必须是教师所负责的，人力资源管理机构要对其进行严格的检查和监管。

（2）职工请假时，须填写一份请假表，经其主管签署后，转交人力资源部门，经人事部门批准后，再经高校管理者批准，请假后，经人力资源部门通报，并进行注册。

（3）工作人员的工作时间和工作量的完成情况须经其所属单位负责人签名确认后提交给人力资源部门。

（4）工薪处依据每日考勤记录、劳动（工作）定额完成、请假记录、绩效考评等有关记录，依照高校的薪酬制度，及时制作工资单，统计奖金及各种社会保障金扣款额，经复核无误后交财务部门。财务部以职工的收入为依

据，核算代扣个人所得税、代扣款及实际发放的薪金，进行相应的会计核算。

应当指出，工资支付部门不能同时承担工资核算、记录工资、绩效考评等相关工作，例如记录考勤、计时、发放工资等。薪资分摊表由薪资支付单位填写，包括薪资支票、职工所得扣缴表、薪资日记、职工分户账（包括每位职工的所得、被扣缴税款及其他扣除项目等）、薪资分摊表及报给税务机关的有关缴款书等。

3. 管制薪金分配

如果用现金支付，应以装工资袋为宜。按工资单上的实际发薪额，按实际发薪日，以现款支票领取：按实际人数，按个人实际发薪量，将其按规定分类。一旦出现错误，立即查实，不可留待日后检讨。用现金支付时，必须让职工在工资单上签名，如有旷工或请假的职工，请把工钱包保存好，绝对不要交给别人。

如果是用现金支付的，那么在装入工资袋后，通常无法将其分发给各个部门的负责人。如果用银行的存款来支付薪水，通常需要在一家专门的银行开户，由财务部按照薪水单把所有的应付款金额汇到财务部，财务部将从普通的银行账户中取出一张支票，并将其转存到各职工的工资银行账户中。

（二）薪酬管理对策

工资管理的方法如下。

（1）实行集中式的人力资源管理，包括专业的机构和个人。

（2）制定与其他机构的工作协调的 HR 规划。

（3）编制人员和薪金的概算。

（4）按各行业的实际需求聘用职工。

（5）分析、评估和评价关键岗位的工作表现。

（6）为职工提供合适的培训与发展的机遇，并在个别的人员档案中将培训与发展的行为记录下来。

（7）给予职工合理的福利。

（8）对职工的绩效进行定期评估和考核，并将其纳入职工的个人档案。

（9）职工晋升、调整和解雇均需经批准，并将其存入职工的个人及各单位的人事档案中。

（10）个人资料须适当保存，以防损坏、遗失及非法使用。

（11）对有关养老基金、有关政府代理和保险公司负有责任的组织应向管理层、外部审计人员和律师进行审查，以确保本组织能更好地遵守相关法规、执行相关的责任，以及适时地对有关的政策做出适当的修改。

（12）为确保有有效的遵守和灵活地修改企业的组织方针，管理人员和律师事务所对其进行了经常性的审核。

（13）制订恰当的决策与流程，以便及时掌握职工的观点与需求，并能采取行之有效的行动。

（14）职工薪金情况（其中，因聘用新职工而产生的薪金变动），在审核通过后，上报薪金结算处。

（15）劳工人事部与工薪局经常检查薪资主要资料及相关人员档案。

（16）职工的薪酬是由劳动契约或企业的规定决定的，并由主管级别的主管批准。

（17）工资的扣除项目和扣除标准，由职工个人在有关的声明上签章，以示同意。经过签章的声明应附在职工个人的人事档案上。

（18）薪金清单最好是用一个电子的薪金制度来制定，如果没有，就应该有一个人承担责任。另外，有专门的工作人员，负责检查工资表和工资文件的正确性。这名职工还需要审查从人力资源部门获得的薪金录入资料。

（19）如果薪金是用现金付款，则现金的发放将交自一个单独的中介公司。发现款，可将其收入专用的工钱袋中。这时，将钱放进薪水袋中的工作人员就不能处理薪金报表的制作。另外，必须有两位职工点数，确认双方的点数相符后，再将其收入囊中。

（20）职工在收到薪金或工资支票时，须在发票上签名。

（21）开设专用的薪金账户。

（22）不能由薪金支票的签字人在填写支票时承担责任。若以印章形式发出，则须有专人负责，并对其进行财务核算及现金的管理。

（23）薪金支票，不经职员的上级，由薪金部门向职工发放。

（24）将没有领取的薪金，存放在专用的银行账户中，或指定一个与薪金部门无关的特殊单位或个人来保管。如果职工因患病或旅行而导致其短时间不能领到薪水，则可以由其所属单位或人事单位代为领取。

（25）如果条件允许，出勤处与薪金部门分开是可取的。

（26）在出勤率和费用计算中，必须与工薪制部门的工资单进行定期的核对和调节。

（27）职工按要求自行完成工时卡片及工作情况表，并有专门人员负责核对。

（28）工资支付机构应当经常轮流担任工作。

（三）工资管理要点

1. HR 管理的要点

（1）每年及每季更新人事计划。

（2）人事计划是全面的，包括晋升、教育、训练、薪资、激励、福利等。

（3）在进行人事计划的过程中，要考虑到达所需要的人力之前的“前置时间”。

（4）如果存在“冗员”的人员，会导致职工的工作不均衡和沮丧，因此要尽量减少。

（5）在制订职工职业计划时，要充分考量职工的能力、个性等差异，并要具备远见；如有需要，可以采用职工的建议，让他们对高校有归属感。

2. 职工管理工作的要点

（1）招聘与选拔的根本目标在于提高挑选合适人选的成功率，因此，招聘与选拔方式的选取，须依个人的具体情形及运用方式的可靠性与效力程度而决定。

（2）职工必须经过审查或考核后，才能按有关的条件录用。

（3）在挑选人才时，除了要注重教育和经验之外，还要考察其学识、专业技能，以及对道德和身体的健康的要求。另外，也可以向曾经的高校管理人员咨询，以供选择。

（4）新入职者的录用及甄选工作须依照高校之条例进行，所须提交之资料必须完整，并须按有关于批准机关之委任。

（5）在选择过程中，切忌对当事人的个人偏见和许诺，双方都要诚实。

（6）选用的选拔方法，力求做到公平、客观、合理地选拔出最好的人才。制定的雇佣条款，要有适度的灵活性，在劳动力短缺的情况下，可以略微宽松，在劳动力过剩的时候，可以更严格一些。

3. 任务管理的要点

（1）从事经营活动的人员必须具备相应的保证程序。

（2）按照高校的要求办理所有的工作程序，并为职工提供基本信息。

（3）按有关规定执行工资的办法。

4. 工作管理训练的要点

（1）职业培训需要能够使新入职人员对高校的组织结构、管理制度和文化有一个清晰的认识，从而更快地适应工作，更好地掌握操作流程，使其更好地投入工作中去。

（2）培训内容要丰富、生动，对任何一门课程都要做好充分的准备。

（3）负责安排和设计培训课程的人员或机构，应具有足够的能力。培训能提高职工的工作效率，是一种很有远见的行为，应该和高校的相关规定保持一致。

（4）培训学习方案应与人员规划紧密结合，并根据业务需求制定合适的培训课程。特别是在培训过程中，要把培训结果纳入人员档案，作为派遣和晋升的一个主要参考。

（5）管理者应该提供辅导和帮助部属训练的绩效。

5. 考勤管理中的工作管理要点

（1）在上班和下班期间，必须准时进行评估。如有迟到、早退或缺勤等情况，根据高校有关条例，给予相应的惩罚。

（2）职工请事假、病假、婚假、丧假、产假、公假及特殊假等，均依规定办理

（3）职工请假手续、限制天数、证明文件、扣薪办法等，都按照有关的法规进行。

（4）业绩评价旨在帮助高校做出人事管理的决定和人员发展。

（5）评估标准与计算方式应事先告知职工。

（6）主管与职工讨论评估结果时，双方均有所准备。主管对职工的评估回馈，应具有建设性，同时对职工应充分了解。

（7）为进行职工绩效评估，各级管理人员应建立一份客观公正的评价档案。

6. 奖励与惩罚提升操作中的关键环节

（1）有关部门管理者提出对职工的嘉奖，须按有关条例，并附有适当的条款及证据，并按有关条例予以公布。

（2）有关部门管理者提出处罚职工的事宜，应按有关条例予以签署，并认真斟酌，综合各种情况后，方可做出恰当的决策。

（3）申报晋升的人员，须按照有关程序，经批准后，按照有关权限公布。

（4）当前的晋升方式应当起到激励的效果，有利于提升职工的工作积极性。

（5）在晋升过程中，要做到公平、公正和公开。

7. 薪酬管理的要点

（1）基本工资、津贴、加班费、各种扣（罚）款和各种代扣款，按高校的有关法规和有关的政策执行。

（2）职工的薪金收入，按以下有关条款执行。

① 根据扣款比率，每月支付。

② 按月支付代扣款。

（3）按以下条款支付的保险费。

① 根据职工收入，按照保险单中列出的水平，按月支付。

② 按月缴纳有关高校的保险费。

（4）按上、下两期工资按时支付，工资单由上级签字后进行。

（5）在发放现金时，应由职工本人负责领到薪包，并在“薪金收缴记录册”上签字，并妥善保管尚未领到的薪金。

8. 工资性工作的管理要点

（1）保障制度必须符合高校所承担的范围，使职工感到满足。

（2）应当切实按照有关条款实施各项权益工作。

（3）福利金的收支、账务和出纳必须有很好的管理。

（4）职工福利理事会须就企业福利金之收入和支出情况，定期向职工汇报。

（5）在领取津贴时，应当防止出现浪费或无谓开支。

（6）所有的福利计划必须与职工的需要相一致。

（7）应该提高工作人员在各种工作中的参与性。

9. 控制离职和退休工作的要点

（1）职工离职、资遣或退休时，应根据相关法规审慎处置。若职工自行提出辞职，则须自行找出其理由，并采取相应的对策，以减少非必要的人事变动。

（2）职工离职或退休，应按高校的要求，办理相关的工作程序和工作移交。

（3）符合资遣条件时，应查明已无其他可供选择的途径，方可资遣。

（4）职工退休时，除了年龄较大的，其他工作经验丰富、工作能力强的人，均可保留。

应当指出，在薪酬管理方面，应尤其重视不兼容职位的分开；不能只有一个人负责工资表的制作和复核，而且不能同时作为工资卡的编制者和审核员；职工的聘用和审查不能是一人承担，离职和批准也不可一人承担；不能一个人对职工进行评估和批准；工资的编制、发放和工资文件的管理，也不能是一个人的责任。

四、绩效考核的回馈过程

随着我国高校的普及，高校的办学水平越来越受到重视。高校教师的业绩评价是实现高校教学工作的一个重要内容。业绩评价具有多种功能，管理者可以利用业绩评价对高校进行管理，然而，业绩评价的终极目标在于把高校的目标与个体的目标结合在一起，从而使高校更有效地发挥其效能。所以，要达到评价目标，就要注重评价的使用与处理。本书认为，对评价结果的处置方式有两种：一种是评价的教师，将评价的结论和分析报告提交到个别的教师；另外一个渠道是高级管理者，也就是向高级管理者汇报业绩的报告。所以，要使高校的高级管理人员和基层教师都能够主动地参加考核，从而达到绩效评价的终极目标。

（一）高校师资评价目标之特殊性

业绩评价首先在高校中得到广泛应用。学者们对高校业绩评价进行了深入的调研和了解。高校以培养人才、服务社会、科研为宗旨，以实现最大化剩余利益为基本宗旨。随着我国高等教育的不断发展，我国的高校教师业绩评价越来越受到人们的重视。由于教育具有不可逆的特性，因此，在高校实施业绩评价时，其首要目标就是确保教育的质量和改善教学的有效性。在此基础上，高校开展业绩考核主要包括：首先，让被评教师认可其业绩，从而排除差异与冲突；其次，让教师了解自身的成绩与长处，让教师自信地去改正自己的缺点与不足；最后，以交流方式对问题产生的成因进行剖析，依据未来的发展方向，制订下一步的工作计划。

（二）高校教师评价对象的特点

高校师资评价对象为“教师”。高校教师是一个具有高学历、高专业性的特殊人群，在个性、价值观念、心理需求和行为方式等各领域具有许多特殊性，这主要表现在：一是高校教师具有较高的素质。绝大多数的高校教师都接受了正规的高水平的高等教育，他们的知识渊博、思维活跃、求知欲望强烈、学习能力强等。二是高校教师对自身的价值有着很强的追求。他们渴

望展现自己的才能，热爱富有挑战的工作，特别注重他人、组织、团队和社会对自我的评估，并期望获得别人的认可和尊敬，更重视工作成绩。三是高校教师的创新意识强，工作独立性强。高校教师除了讲课之外，大部分时间都是在进行创造性的工作，通过自己的专长来进行创新思考，并不断地创造出新的知识。工作环境宽松，工作自主，弹性工作，注重自我引导、自我管理和自我调节。在实施高校教师的业绩评价工作中，特别是在实施业绩考核的过程中，应充分认识到高校教师自身的许多特性。而忽视了高校教师的上述特征，则无法实现其目标。

（三）高校师资评价工作的评价过程

1. 专家的评价结论

评价系统与技术水平直接影响评价的可信度与效力。然而，在业绩评价中常常会出现一些超出预期的问题。因此，在对高校教师业绩评价的过程中，应由专业人士来进行评价，而不仅仅是单纯的对比。专家经过整理、加工，得出评价目标（高校教师）的评价指数或状态，并将其评价的数字状态与已制定的评价准则进行比较，并进行差异性的分析，发现差异的原因、责任和影响，最终得出评价结果的分析结果。采取专家对评估结果进行分析的措施，一方面是为了尽量确保绩效管理的有效性和可靠性；另一方面，它也能为个别的教师及高级主管人员，在整体上呈现出整体的业绩发展状况，并提出相关的诊断意见。通过这种方式，个人教师能够明确自己的工作长处和需要改进的工作区域；同时，高校管理层还可以通过这种方式对职工进行激励和管理，从而制定出相应的业绩改善方案，进而达到高校的整体效益。

2. 向高校教师汇报评价的结论

在高校的业绩评价中，业绩评价是企业绩效评价的重要组成部分。管理者要将绩效评估的成果如实向教师反映，明确说明成果来源，让教师认识自身工作表现，认识自身工作的缺陷，制订相应的绩效改善方案。然而，对于许多管理者而言，没有任何一件事能像给职工的业绩回馈一样令他们感到沮丧，因为他们常常会在得知对他们的坏信息时采取防御措施。如何对业绩成果进行回馈，既是一个难点，又是一个无法避免的问题。每个人都有自己的专业知识，也就是说每个人都有自己的需求。身为管理者，经常把负面的消息回馈给职工，并与他们讨论自己的缺点。高校管理人员在工作中往往具有较高学历和较强的专业性，因此在个性、价值观念、心理需求、行为方式等方面具有许多特殊性，要想成为成功的高校管理者必须要充分地了解并善于利用这些特点对教师进行管理。为此，在对高校教师进行业绩评价时，要注重教学的方式与策略。

首先，管理者要真诚，在这种环境下，要有积极的反应。在做出反馈前，管理者要做好充分的心理准备，与教师约定面试的时间与场所，并尽量安排两人相对自由的时段，以保证在反馈过程中，两人都能专心、严肃，不要敷衍了事。选择一个比较舒适、放松的地方，如小型会议室、咖啡厅等。首先，管理者要对面试教师的评价进行了解，不但要了解他的工作背景，也要了解他的家庭背景、经历和性格特点。只有全面地理解了信息的反馈，才能准确地预判到信息传递中存在的问题，并制定相应的对策，从而做到知己知彼，百战百胜。这样的方式还可以让教师在进行反馈之前做好充分的心理准备，让管理者们对自己的行为、态度和结果进行反思，并做好相应的工作基础；为自己的工作提供一些问题，以便在工作中解答疑问和困难。

其次，是关于特定的行动的反馈。在反馈的时候，最不能讲大话、空话、套话，不管是夸奖或批判，这些话都无法取得预期的结果。比如，一句“你做得很棒”只能让听众暂时感到满意，却不会影响今后的工作。“你的教室里充满了活泼、有序、生机勃勃的氛围。”此外，对于负面信息的反应越是普遍，负面信息的含义就越是强烈，听众就越是厌恶。所以，要根据教师的具体行动和实际情况，向教师提供事实的反馈，并以事实的成果来支撑，并引证资料，举例说明，使教师们信服。

最后，管理人员应加强与人的交流能力。

（1）交流对人类社会的和谐至关重要，只有交流得好，才能取得良好的结果。在职工的工作中，若不能运用好的交流技能，则只能起到事与愿违的效果。为此，管理者要想取得理想的结果，就需要提升自己的交际能力。交流应本着公平的态度，并维持双方的交流。以往，管理者与下属之间的交流常常是由领导与下属对话，以命令或训斥的形式进行，而下属则是消极地接受。因此，教师们无法真正地表达自己的思想，而有些好的意见也会受到抑制。在教学过程中，教师要自觉地认识到自我的存在，必须遵循“人人平等”的基本理念，才能达到“人”和“人”的高度互动。交流时要以“我们”为中心，以“我们”为主体，不要使用恐吓、威胁的语言或语气，如此，管理者可以了解教师的真正意图，并进行头脑风暴，以达成交流。在交流中，要

注重分享体验，交换观点。纠正教师工作中的不足，不能说：“你怎能这样，你不该这样，你不该那样”。教师们在听这些话时，会觉得自己处在一个不公平的位置上。作为一个管理者，可以列举一些在这个领域取得的成就，并且可以把自己的经历告诉他们：“我就是这么干的”，让教师们自己去感受，并吸取其中的精髓。不要在批判中使用诸如“总是”“从不”“太差”“太糟糕”等一些过激的词语。由于这种偏激的词汇在表述负面的后果时，会让人觉得评估没有公正和合理，因而会加重被批评的人的不满，并产生挫败感，进而对自己的自信造成极大的伤害。所以，管理者应该尽可能地用中肯的语言来表达负面的业绩，采用比较温和的语言。

（2）在实施业绩反馈时，应首先激励职工进行工作评估。通过对自身的评估，可以使教师对自身工作表现进行反思，从而找到自身的长处和存在的缺陷。认真考虑问题的教师可以更好地进行反馈。高的参与性常常导致高的满意程度的关键所在。

（3）鼓励比批评要更多。作为一名管理者，通过对教师的工作表现的评价来发现问题和解决问题，同时也可以作为一种有效的激励手段：对高校教师的工作表现进行评价，并予以表扬和肯定。一名高效率的管理者，绝不能毫无技术地去诋毁职工，因为一旦发现自己的表现出了问题，他们就会想方设法去寻求另一个方法，但如果管理者一再拿出糟糕的业绩作为例子，教师就会对此感到厌恶，产生防卫心理，结果必会适得其反。少批评多表扬能让教师明白，管理者并不只是在寻找职工绩效的不足，更增加了绩效的可信程度。

（4）多提问少说多听。高效交流的规则是，80％的工作是由职工完成，20％交给管理者。而在这20％的时间里，管理人员可以把80％的精力用来提问，20％的时候要花在“建议”上“指导”和“发号施令”上。即，管理人员在教学中提出问题，并提出相应的解决办法。这种方法可以降低教师对于不良的反馈意见的抵制。此外，作为一个管理者，你应该学习去聆听。

（5）管理者应清楚地知道，交流是以问题为目标。这并不表示，业绩反馈仅仅是用来发现教师工作表现方面的问题。在业绩评价中应坚持“多夸、少说”的基本方针。称赞常常加强了职工的对应行动，而称赞也可以创造一个轻松的沟通氛围。面对教师的缺憾，管理人员应当清楚地指出，交流的重心应当放在问题的解答上，而非个体的价值；在交流的时候，管理人员不但要协助教师发现问题所在，而且要对问题的成因进行剖析，同时也要根据问题的成因来达成一致意见。

3. 向教师提供专业的评估报告

专家通过对组织的业绩进行评价，可以全面地了解组织的整体业绩状况，提出问题及改善意见等。这一部分有助于教师们对当前的组织业绩情况进行全面的认识，并将其与自身的业绩进行比较，从而发现自身的长处和不足之处；另一方面也为管理者和教师进行绩效反馈面谈提供了一个科学、有效的凭证。教师可以针对反馈信息，就自己的工作领域提出问题，同时也可以对学校的管理等工作提出相应的建议。然后再将问题和意见传递到高级管理者和专家那里，由他们对所得到的反馈进行分析，由高级管理者进行全面的思考，从而为以后的反馈会议做好准备。

4. 汇报会上

反馈式会议是一种非常好的交流方式。在专业人士的协助下，高级管理者及一线教师透过合作改善方案，明确下一阶段的工作表现，以达成教师的个体及表现改善方案。首先，要创造一个温馨的氛围，使会议目标清晰。像业绩反馈那样的研讨会，教师经常有不开心的经验，所以经常在开会前感觉很不舒服。为了达到一个有效的交流，管理者必须清楚地了解开会的目标，而且在会上采取的措施要符合所陈述的目标。其次，要让教师们就他们的工作表现、未来的计划、对高校的发展提出自己的看法。通过集体讨论，提高教师的自主学习能力，提高教师的归属感和主人翁意识。最终，由高校的高级管理者与教师决定如何制定具体的改善方案，以管理者与教师之间的业绩反馈访谈为依据，由高校的高级主管与教师对评估的结论进行协商，最终由校方与教师一起制订出一个针对高校的业绩指标及职工的改善方案。教师可以参与到高校的工作改进方案中，可以提高教师对绩效评价体系的满意程度；在决定明年业绩指标时，反馈会议是一个很好的时机。通过实证分析发现，制定高校经营管理指标有助于提升高校职工的工作满意度，促进高校的业绩提升。

第四章　建立高校的财政制度

第一节　管理层决策指挥系统

一、财务领导制度与组织结构

要搞好高校财政工作，就得搞清楚高校财政的运行机制。关于高校实行“校长责任制”的管理制度，我国已制定了相关法规，高校无权自行决定。所以，高校财政领导制度应该与高校的领导制度保持协调，在这种制度下，财政工作的具体方法和方案可以按照最佳的方式进行。

（一）关于管理人员的财政领导制度的有关条款

高校财政工作实行高校的校长责任制，是高校依法授予的。《中华人民共和国高等教育法》对中国社会主义初级学院的管理体制进行了明确的界定。

《中华人民共和国会计法》明确了“单位负责人对其财务资料的真实性、完整性负有责任”。

《高校财务制度》还明确规定：“高校财政管理要由校级以上领导来承担。有资格的高校应当设立会计主任，以帮助校方对其进行全面的管理”。

从上述有关的法律、法规中可以看到，作为高校法人的校长，拥有对校务工作的绝对权威，是校务工作的总主管。所以，为了使高校的财政管理更加合理，实行“管账合一”的方针，使高校的财政工作完全交给校长，从而使高校校长才能够实时掌握高校的财政运行情况，并对其进行全面的监督。

（二）实行行政主导型财政工作

高校行政领导财务工作以不同的方式进行，包括：由高校的领导干部直接负责财务工作，由高校领导班子对高校财务进行管理，由财务委员会负责高校财务管理，由总会计师负责高校财务管理。

1. 高校校长对学校财政的直接负责

校长是直接负责高校的财政工作的，是指校长亲自负责全校的财务工作，并指挥财务部门具体管理财务工作，财务部门负责人直接向校长汇报财务工作情况。校长领导财务工作，财务部门负责人具体管理财务工作，这种校长负责制和财务处长管理制，是高校对学校财务进行管理的主要形式。

2. 高校校内财政由校方领导集体负责

由学校领导小组统一管理校内财政工作，由校长负责财政工作，并委托分管财政工作的副院长负责财政工作，委托分管学院及部门的副校长管理本学院及本部门的经济工作及预算资金使用等，在校长的领导下，由高校领导班子共同管理高校财政工作的一种主要形式。

3. 财政委员会对高校财政的监督

财政委员会负责校内财政工作，是指在高校校内设立一个财政委员会，该委员会是由校方和有关单位的财政主管人员共同负责。与之相比，财政委员会由懂经济的人组成并实施管理，因而在理论上对于财政工作具有较大的优势。

4. 主管高校校舍财政事务的主管

总会计师管理学校财务工作，即由总会计师协助校长全面管理学校的财务工作。按照《总会计师条例》的规定，“总会计师是指本机关的主管人员，为本机关的主要领导提供帮助，并对其主管部门的领导负有责任。”“凡是设有总会计的机关，在机关内，不能有与其职务相交叉的副职务。”

总会计师是中国经济的一项重大行政体制，在我国高校尚未实行之前，其总资产和支出总量不大，经济业务比较单一，财政工作的首要工作是管好用好经费，因此一直没有受到应有的关注和大力推行。在市场经济条件下，高校办学规模不断扩大，对金融专业的专业人员的需求量日益增大，这就需要高校加强对财务人员的专业化建设。2011 年教育部、财政部颁布实施《高校总会计师管理办法》，我国高校总会计师制度必将迎来空前发展，高校财务部门将是今后高校会计工作的主流模式。

（三）高校建立财政监管机关

高校建立了财政领导制度之后，高校管理层要建立一个专门的财务管理部门，对其进行日常的管理。按照高校财政体制改革的需要，高校行政机关要独立设立一个独立的财务部门，即“校级财政”，由高校的校长牵头，由

高校行政主管部门牵头，对高校的财政进行全面的管理。由于工作需要设立第二层次金融机构时，其会计工作应在第一层次进行统一领导、监督和检查。

二、财务管理方式的选取

在实现了财政工作领导权制度问题之后，要进一步研究如何进行高校的财务管理，也就是选择什么样的管理模式。

按照“统一领导”的校长责任制，按照“集权”和“分权”的方式，可以将高校的财政经营分为3种类型：“集中管理”“分级管理”和“混合管理”。“统一领导”是指财经工作由高校统一领导，具体表现为统一财经方针政策，统一财政收支计划，统一财务规章制度，统一资源调配，统一财务组织。统一的领导是防止出现“多管齐下”“各自为政”的危险，确保高校财政工作的正常开展，是对高校整体的经济运行的一种有效的控制。

（一）实行集权经营的“集中管理”

集中管理是指高校财政、财务规章制度的制订权和财务活动的集中，财政的收支都要归校方财政部门负责管理。

集中管理是最早最简单的一种管理模式，它的优势在于，它的权力很大，可以在任何时候都能筹集到足够的经费，它的弊端是它的灵活性很低，很难激发各个部门的财政工作的热情。这一方式适合规模较小、资金较少的高校，由于规模较小，必须把资金投入一个特定的领域，如果财权和财力分散，就会对办学的发展产生不利的作用。

（二）实行权力下放的“分级管理”

按照高校的规模，分层的管理方式可以划分为两级管理和三级管理，通常采用两种管理方式。

1. 二级管理方式

二级的行政体制是以健全财经规章制度为依据，明确各级机构之间的权力和职责，实行财权分离、事权与财权相结合的双重权力，实行高校两级权力下放，由高校负责统筹和利用高校的财政拨款和资金。但是，由于行政、监管费用高昂，财政收入实行集中部门统一核算，而在第二个地方，可以设置会计主管或财政联络人，承担会计报表和与上级财政机关的联系。

二级的管理方式可以有效地激发二级院校的工作热情，也可以把所有的资金都用来做好高校的建设。这样的方式，既适用于中型高校，也适用于大型但资金较少的高校，这样的高校必须要激发二级院校的财政投入，并给予一定的权力，但由于资金短缺，所以必须加强管理，把所有的资金都投入到建设之中。

2. 三级管理方式

三级管理方式是指在建立健全财经规章制度、明确内部各级单位权责关系和统一领导的基础上，按照财权划分、事权与财权的基本原理，实行高校、学院、系 3 个层次的权力划分，由高校、学院、系 3 个部门负责统筹和使用高校的财政拨款和拨付的资金，而财政的支出实行两级核算和行政。二级核算是指学校在统一的财务收支计划和资源配置下，将预算拨给二级学院，由二级学院负责核算本级及所属的三级系的财务收支活动，在学校统一领导下，由二级学院管理本级和所属三级系的会计事务，实行学校和二级学院两级核算管理，财务部门派出会计人员或会计机构对二级核算进行监管。

三级管理方式是伴随着高校的兼并和规模扩展而产生的一种经营模式，它的优势在于，它可以扩充二级学院的财政权力，可以最大限度地激发起它的财务热情；坏处是，它的财政资源过于松散，不利于资金的流动，会导致一些次级学院为了自己的私利而牺牲整个高校的整体收益，同时也会导致各个学院之间的发展失衡。该模式适用于大型、财力较强的高校，可以有效地激发学校各级别的财务热情，防止因基金过于分散而造成的效益低下。

（三）“结合管理”的集中和权力下放的模型

混合制管理是指高校部分财权实行集中管理，部分财权实行分层管理。在校党委的领导下，一方面按照财产权分配的原理，把高校的人事等需要统一的事务交给各有关部门进行统筹，同时按照事权和财权的原则，把教学业务费、科研费等日常业务性经费通过预算的形式由高校拨付到二级学院进行分类管理。

混合经营方式更具弹性，可以按需求对经济事务进行集中或分层的调节，既可以对所要掌握的资金进行有效的控制，也可以部分地激发出次级高校的工作热情。该模型适用于对高校进行弹性调整的要求。

这 3 种管理方式都有各自的优势和不足。规模较小、管理上仅有校级管理机关的高校，通常采取集中管理的方式；具有高校、学院、系三级管理体制的大型高校一般采取分层管理的方式，大型院校一般实行二级管理；大型

高校实行高校、学院、系三级管理。

在实行“校长责任制”的统一领导下，高校可以根据高校规模和资金规模，采取分层或集中的方式，根据高校的实际发展和实际需要，不断地进行相应的调整。

三、高校构建分级管理体系

（一）统筹协调的内涵和职权设置

在实施校长责任制下，对高校财政进行全面的管理。统一领导层的工作范围和职权由以下几个部分组成。

1. 实行统一的财经方针政策和财务规章制度

在我国财政方针和财政政策的指导下，按照高校的实际状况和发展计划，制订并发布财政和发展的政策。高校要按照财政、会计制度的规定，制定相应的财政法规，明确高校的职责和职权。二级学院统一执行学校的财经方针政策，遵循国家财经法律法规、会计制度，以及学校根据实际情况制订的财务管理和会计核算具体办法，不能搞单打独斗，各自为政。

2. 实施财政预算和调拨资金的协调一致

高校管理层应根据年度收支情况和学校发展需要，统一编制年度收支预算，学校的各项资源纳入统一调配。年度收支预算经管理层批准后统一执行，二级学院必须根据学校年度预算，执行本学院年度收支计划。根据各学院承担的教学、科研等任务情况，教学科研用房、设备等资源由学校统一进行调配使用。

3. 实行财会业务统一领导

高校财务工作是在各级财政部门的统一组织下进行的，主要包括财务管理、会计从业管理、业务培训和业务指导。第二层次的金融单位要服从校内财政的统一指挥和管理。

（二）分级行政的问题与职权设置

二级学院在校党委的指导下，可以自行办理的事务和职权有：

1. 制订特定的执行方案

在实行校规的前提下，可以按照各自的实际情况，制订相应的实施方案和措施。

2. 对预算内经费的统一利用

在高校预算和经费的基础上，由第二级学院根据教学和科研项目的进度，将高校拨付的经费，如人事经费、教学科研经费等，由二级学院自行决定。

3. 财政收入和支出的管理

在财会业务统一领导下，二级院校可以设置会计主管或财务部联络人，并与上级财政机关进行沟通。第二级学院对高校的日常经费收支和财政支出进行监督，并对高校的各种财政支出进行合理的安排和监督。

（三）分级管理评估与评估设计

实行分层管理，就需要对各层次的高校进行评估，通过评估的结果来衡量高校的管理成效。对二级学院的考核分为定性考核和经济指标考核两类。

1. 定性指标考核

主要是对财务管理的能力进行评估，也就是遵守财经法律、法规、财政管理秩序的状况。

2. 经济指标考核

（1）教学费用和仪器设备投资的比重，是指高校各项开支中，用于教学的费用和仪器设备的资本性开支。这一指标可以反映出教育经费的合理性。

（2）资金的投入和产出。这一指标可以反映财政开支的使用效果。

（3）学院的财政能力，也就是除高校预算之外，其他收入在学院总收入中的比重。这一指标可以反映出学院是否能够筹集到更多的经费。

四、管理与管制体系的设计

高校的财务管理是一个价值与行为相结合的过程。行为管理就是对经济活动的控制与监控，以达到与法律、法规和管理相一致的目的。在确定了高校的财务管理体系之后，就需要对高校内部的财务管理与控制系统进行高层次的设计。

（一）各种管理体制的体系设计

制度设计是高校为使高校的各项财务管理制度和各个环节都能高效运作而制订的一整套规章制度。特别是在授权审批管理系统、财务部门管理系统、内部审计监督管理系统中，管理系统的价值管理、行为管理等方面都要进行相应的设计。高校的价值管理主要是通过高校内部的财务管理体系来完成的，

而高校内部的行为控制则是从不同的方面进行的。在财务管理系统中，要有一套系统的绩效管理体系，如经费收支、决算、资产负债等管理体系，并对其进行行为管理：对授权审批管理系统、内部审计监督管理系统要建立行为管理控制系统，如财务审批要有清晰的审批权限和审批责任控制制度：内部审计监督控制系统要建立内部审计工作规范。

另外，管理层还应该在不同的体系中建立起信息交流、沟通的体系，例如：授权审批管理体系与财务管理体系的审批与审核信息的沟通，以及内部审计与授权审批与财务部门的信息沟通。

（二）系统的设置

规章制度是高校为了规范财务管理、控制财务风险而制订的各种管理方法。正所谓“无规则，不成无方圆”。在高校财政工作中，要有完善的规章制度。

高校应确立的管理制度，包括行政决策制度、经济责任制度、经济审批制度、内部预算管理制度、收支管理制度、资产管理制度、负债管理制度、财务信息数据管理制度、内部审计制度和会计人员管理制度。

第二节　授权许可管理制度

一、授权审批与审批管理体系

授权审批是高校财务管理中的一项重要内容，它直接关系到高校的财政绩效。要构建和实施高校的批准与审批管理体系，首先要弄清其基本内涵。

（一）授权审批的内容和原则

授权审批是指由高校内部的学院、部门或独立的核算机构根据有关经济审批的规定或行政机关的授权，在其权限内批准财务收支、签订经济合同和其他经济活动的决策。

1. 核准的内容

授权审批的内容主要有：审批财务收支、签订经济合同、审批经济活动等。

（1）审核财政收入和支出。按照高校审批管理办法规定的权限，对本部门所管辖的财政收支和预算资金的收支进行审核。

（2）签署一份经济合同。学院、系或独立核算机构的主管，接受学院、系或独立核算机构之授权或委任，签订与学院、系或本单位有关的对外经济合约。

（3）授权审批有关部门的经济活动。在权限范围之内，批准与经济活动相关的决定。

2. 授权审批的原则

许可审批的基本原则有："谁主管谁审批"的原则、可操作性原则等。

（1）授权的合理性。所谓"合理授权"，是指按照经济许可项目的性质、使用限额来决定批准的许可范围。在重大的经济问题上，权力不能过大；相反，你可以给更多的权力；批准的额度可以根据高校的实际情况来确定，有足够的经费可以放宽，没有足够的经费可以收紧。

（2）"谁主管谁批准"的原则。"谁主管谁审批"的原则，就是在责任的基础上，按照责任的大小来设置权力。经济事务由谁来管理，就由谁来批准，以实现责任、权力和利益相结合。

（3）操作的基本原理。授权审批制度必须在实践中具有可操作性，这样才能使许可审批项目的类别更加科学、清晰；开支审批限额的设定不能太细太多，不然不仅审批人员很难把握，而且财务审计的管理也会因过于精细而降低工作的效率。

只有掌握了授权审批的基本原理，高校才能更好地按照自己的实际情况设置相应的审批权限和批准额度。

（二）行政审批体系

审批管理体制是高校实行的一种以行政权力为基础的经济审批管理方式，它的核心内容是行政审批制度的组成成分。

1. 核准管理体系的组成

审批管理体系由审批人、审批事项、审批金额和审批权限等组成。

（1）审核人，也就是各级财务主管，由上至下，对审核人员进行分类。

（2）核准的业务，包括收入、支出、经济合同、资产购买和处理等。

（3）批准的数额，也就是每个等级的批准额度，超过这个额度，就由上一级审批。从低到高，层层审核。

（4）审批责任，即审批人要根据经济法律法规和财务规章制度审批经济事项，对违法违规审批产生的不良后果应承担相应的责任。

2. 核准行政系统的类别

按照财政管理体制的集中化和分级化，可以将其划分为“集中式”和“分级式”。

（1）实行统一的行政审批制度。实行“集中管理”的高校，实行“集中审批”的管理体制，即由校长、总会计师或副校长、财务部门负责人担任财务负责人，实行统一的财务审批。

（2）实行分级审批和行政管理。实行分层管理的高校，实行分层审批管理，按照内部管理层级建立校长、副校长或总会计师、二级学院院长、三级单位负责人等若干层级的各级责任分级审批的管理制度。

对高校的审批管理体制进行归类，有助于高校根据高校的具体情况，选择合适的审批制度，并建立相应的审批管理体系。当前，我国大部分高校都在实行分级审批管理。

二、分级审批制度的建立

为激发高校内部的积极性，实现财务管理的科学化、规范化，高校实行分层管理，除了高校的重大经济事务由管理层决定之外，其他重要的经济事项决策审批由行政授权给各级负责人进行分级审批管理，即根据权责对等的原则从上到下进行授权，授予各级负责人相应的经济审批权并承担相应的经济责任。作为一个案例，这一部分重点介绍了高校的分级审批管理。高校实行分级审批，是根据高校的实际，对审批人、审批事项的审批级次、审批限额和审批责任等要素进行相应的规定。

（一）确定分级批准人

高校的批准者是指按分级批准审批管理办法所要求的各级主管机关。由校长、副校长或总会计师、二级学院院长等多个层级的主管人员构成。

（二）设置审批程序及设置分级审批

经济审批包括预算审批、收入审批、支出审批、银行贷款审批、投资审批、经济合同签订审批等。批准额度也就是批准的数额，要视高校的经费状况而定。对未设置审批额度的经济项目，无须按照数额区分审批。

（三）分级审批的职责定义

批准人对收支的真实性、合理性、合法性负责任。凡经各学院、主管部门批准，擅自乱收、私设小金库者，均须负相关法律责任。

审批机关不得将个别开支分拆成零用，以方便审批；批准人或被委任的签约人应对批准和签署的经济事务的有效性承担责任。对批准文件中有虚假记载或者明知是违法的，应当负法律责任。

第三节 内部审计监督控制系统

一、授权审批审计监督

授权审批审计监督是对授权审批管理系统实施的监督，即根据分级管理经济责任制，对授权审批系统所赋予审批人的职责和权限的履行情况进行审计监督。授权审批审计监督的形式以内部经济责任审计为主。由于高校审计部门属于学校内部监督部门，其职权只能审计监督管理层以外的二级学院、部门及单位的负责人即中层干部，高校管理层的经济责任审计由政府审计部门负责。内部经济责任审计是高校通过对二级学院、部门及单位负责人任职期间，在管理职责范围内的经济审批及有关经济活动和国家财经法律法规执行情况负有的责任，进行内部审计，并通过单位的经济活动记录来查证被审计人员所承担的经济责任，做出内部审计评价。

（一）经济责任审计监督依据及范围

在高校内部进行经济责任审计监督首先必须有监督依据，明确监督对象和范围，才能有效地开展监督工作。

1. 经济责任审计监督依据

经济责任审计监督的依据是高校分级管理经济责任制度及授权审批管理制度所授予的权限和职责。

2. 经济责任审计监督对象和范围

经济责任审计监督的对象为高校部门、二级学院及单位中具有审批权限和经济管理职权的负责人，因此审计监督的范围是被审计人员所管理的本部

门、本学院和本单位所有审批的经济事项及经济活动。

（二）经济责任审计司程序和内容

1. 经济责任审计监督程序

经济责任审计监督程序按干部经济责任审计程序进行，由组织部门委托审计部门实施。

（1）由组织部委托，经管理层分管领导批准部门对被审计人员进行任期、任中授权审批等经济责任审计。

（2）审计部门接到委托书后，办理审计立项，制定审计实施方案，在实施审计的前三日向被审计人员及所在单位送达审计通知书。

（3）审计通知书送达后，被审计人员及所在单位应当按照审计要求，及时提供有关资料。被审计人员应根据经济责任审计内容，准备书面述职报告。

（4）审计组进场实施审计时，被审计人员应向审计组提交述职报告并进行述职，同时审计部门在其所在单位进行审计公示，并听取有关教职工的意见。在实施审计的过程中，要做好审计工作底稿。

（5）审计组现场审计结束，整理审计工作底稿，出具审计报告初稿。

（6）征求被审计人员及所在单位对审计报告的意见，被审计人员及所在单位对审计报告书面意见，审计组核实意见后，审计部门将审计报告及所在单位的书面意见，报送管理层主管领导审批。

（7）审计报告批准后，提交给委托审计的组织部门，并送达被审计人员及其所在单位执行。审计报告由学校有关部门归入被审计人员干部档案。

2. 经济责任审计监督内容

经济责任审计监督的重点是被审计人员的审批行为及经济活动的合法性、合理性。合法性即审批事项及经济活动是否符合法律法规和学校的规章制度。

二、财务审计监督

（一）财务监督

财务审计程序可分为确定审计计划、实施审计监督、编写审计报告、进行审计整改、审计材料归档 5 个工作程序。

1. 确定审计计划

（1）根据学校管理层的要求或按照审计工作计划，确定当年被审计的内部单位和审计项目。

（2）选派人员组成审计组，编制审计工作方案，包括审计对象、时间、内容等。

（3）向被审计单位发送审计通知书。

2. 实施审计监督

（1）财务部门提交与被审计项目相关的账册、会计凭证、制度等书面资料、电子数据，包括有关财务管理、会计核算、内部管理制度等文件资料，被审计年度会计凭证、会计账册、会计报表等资料，与审计项目有关的经济合同、协议，以及其他有关财务收支的资料。

（2）审计组实施审计，填写审计工作底稿，取得审计证据。

（3）审计组整理、归纳、汇总、分析审计证据和审计工作底稿。

3. 编写审计报告

（1）审计组编写审计报告，其中包括基本情况、审计发现的主要问题、审计处理情形、整改情况等。

（2）审计组征求被审计单位对审计报告的意见，并根据反馈的意见对有关问题进行核实、修改或复议。

（3）审计组出具审计意见书或审计决定，经审计部门审定并签发。

4. 进行审计整改

（1）被审计单位将审计建议或审计建议书、审计决定书的落实情况报送审计部门。

（2）审计部门对重要的审计事项进行跟踪审计。

5. 审计材料归档

（1）审计项目结束后，整理审计材料。

（2）审计材料归档，建立审计档案。

（二）校级财务审计的内容

高校校级财务审计的内容包括基本情况审计、预算审计、收入审计、支出审计、资产负债审计、净资产审计、年资决算及报表审计等。

1. 基本情况审计的主要内容

（1）财务管理体制与运行机制是否符合国家的有关规定；学校财务工作

是否实行统一领导，是否按规定设立财务管理机构并配备合格的财会人员。

（2）财务规章制度和内部管理制度是否健全，执行是否有效。

（3）财务管理部门内部不相容岗位是否分设，并相互控制与制约；会计核算是否符合会计法规、会计制度和学校的规章制度。

2. 预算审计的主要内容

（1）预算编制的原则、方法及编制和审批的程序是否符合国家、上级主管部门和学校的规定，各项收入和支出是否全部纳入预算管理，有无赤字预算；预算调整是否按规定的程序办理并经批准后执行，有无调整项目的原因及金额的详细说明。

（2）各项收入和支出是否按预算执行，是否真实、合法，会计核算是否符合会计制度，预算执行过程中的控制是否有效。

（3）预算的执行情况及差异。预算的执行情况如何，如果差异较大、应当进行原因分析。

3. 收入审计的主要内容

（1）财务收入来源的合法性。事业性收费的项目、标准和范围是否经物价部门批准，有无增加收费项目、扩大收费范围、提高收费标准等乱收费问题。

（2）收入入账的完整性。各项收入是否及时足额到位，有无隐瞒、截留、挪用、拖欠或设置账外账、“小金库”等问题。

（3）学费等收费收入是否按规定实行收支两条线管理，并按规定使用财政部门统一印制或监制的收费票据，是否按有关规定将应当上缴的收费收入及时足额上缴财政专户。

（4）是否筹集到满足正常运行所需的资金，保持合理的资金结构。

4. 支出审计的主要内容

（1）支出是否真实，是否按预算执行，有无超预算、超计划等问题；有无转移、虚假发票报账、违反规定发放钱物等问题。

（2）支出是否合法，是否按照国家、上级主管部门和学校规定的支出范围和标准执行，有无超标准、超范围支出等问题。

（3）支出是否有效益，资金使用率情况，有无结余很大或损失浪费等问题。

（4）专项资金是否专款专用，有无挤占、挪用等问题。

（5）对投资项目是否进行过可行性研究，投资方向和投资规模是否合理，资金配置是否有效。

（三）二级财务机构及独立核算单位财务审计的主要内容

二级财务机构及其所管理的独立核算单位的财务审计内容应包括二级财务机构的建立和完善情况、独立核算单位的财务情况两部分。

1. 二级财务机构审计的主要内容

二级财务机构审计的重点是机构健全情况、人员配备情况、会计基础工作规范化情况等。

（1）会计机构建立和会计人员的配备是否符合高校财务制度规定，会计基础工作是否规范，会计手段、工作环境以及队伍建设是否符合实际需要。

（2）会计账簿设置是否规范，内容是否完整、真实、合法，记录是否及时、清晰、准确。

（3）会计凭证的填制是否符合要求，所反映的经济内容及会计处理是否真实、合法，会计凭证的审核、传递、归档是否合规定。

2. 独立核算单位审计的主要内容

二级的机构管理的独立核算单位，组织形式多种多样，有事业性质的校医院、自收自支的非营利性质的服务单位、学校办的企业或集团参股的公司等，采用的会计制度也不尽相同，校医院采用医院会计制度，公司制的企业采用企业会计制度等。对独立核算单位的财务审计，应根据每个单位的性质不同而有所差别或侧重。

三、经济法律文书监督

经济合同是高校使用最广的经济法律文书，涉及经济技术合作、投资、贷款、联合办学、资产出租和转让、承包经营、用水用电、物资采购、工程项目承建、物业管理等。总的来讲，合同可以分为收入类经济合同和支付类经济合同两大类。收入类经济合同包括经济合作合同、联合办学合同、资产出租合同等，这类合同可以收取合作费、学费、租金等收入或收益，收入类经济合同是合同管理和监督的重点。支付类经济合同包括物资采购合同、工程出包合同、用水用电合同、物业管理合同等，这类合同需要支付货款、承包工程款、水电费、物业管理费等，支付类经济合同一般是通过政府采购或工程招标程序签订，通常在采购或工程招标环节进行管理和监任。

（一）经济活动监督

经济合同签订程序监督包括对合同起草主体、合同审批、合同用章等方面的监督。

1. 经济合同起草主体监督

高校对外经济合同应以法人的身份起草和签订，内部二级学院、部门等可以用学校的名义起草合同；非学校内部组织及个人不得以学校的名义起章合同。内部审计主要监督合同起草单位的资格是否符合要求，能否用学校法人的名义签订合同。

2. 经济合同审批监督

一般性经济合同起章完毕后，应经过授权审批系统由审批人或授权审批人进行审批：重大的经济合同应通过相关领域专业人员讨论，并经过法律顾问审核后，提交管理层决策指挥系统决策审批。内部审计主要监督审批程序是否符合规定。

3. 经济合同用章监督

高校经济合同除统一使用法人名义签订，还应该统一使用学校的合同专用章。内部审计主要监督每项经济合同是否全部统一使用学校的合同专用章，有无为规避审批以学院或部门公章代替学校合同专用章的现象。

（二）经济合同条款监督

经济合同条款监督主要是监督条款的合法性、合理性。

1. 条款的合法性监督

经济合同应符合《中华人民共和国合同法》的规定。内部审计监督首先应审核合同条款内容是否符合法律规定，有无与法律确定冲突的条款。

2. 条款的合理性监督

经济合同条款内容应该符合正常的逻辑思维，具有合理性。内部审计应该审查合同中是否存在损害学校利益的异常条款或内容，如果存在异常条款，应进一步审查原因及可能存在的问题。

（三）经济合同备案及履行

经济合同备案管理与履约密切相关，合同管理规范才能保障按期履约。

1. 合同备案监督

高校经济合同应由学校档案管理部门统一归档管理，内部审计应监督经济合同是否由档案管理部门统一归档管理，是否报送财务部门和审计部门备案。

2. 合同履行监督

经济合同的履行由财务部门进行审核。内部审计应监督以下事项：支出类合同按约付款是否经过财务部门的审核，是否按照合同条款审核付款；收入类合同的收入款项是否按期到账，财务部门是否督促对方及时履行合同，是否存在已到期但未收到的合同应收款的事项。

第四节　财务部门管理系统

一、财务管理信息化

高校财务管理的发展最引人瞩目的是财务管理的信息化。财务管理信息化是以财务部门的“财务管理信息系统”软件为主要手段进行各项管理和控制，同时财务管理信息系统与校园网、开户银行系统连接进行相关财务信息的交换和传递。因此，现代高校财务管理是由现代网络信息技术作为支撑的。与传统的财务管理相比，最大的差别就是通过网络及财务信息系统进行管理和信息交换，管理效率高、效果好。

高校财务管理信息化体现在两个方面：一是财务辅助管理信息化。网络技术和校园网建设为财务管理提供了信息沟通和交换的平台。财务信息发布和数据查询，从传统的纸质的人工传递发展为网络传递和系统自动查询：校园卡的使用，解决了校内零星收入无现金化管理的问题，增加了财务管理手段；财务管理系统与银行联合，实现了“无现金报账”“电子转账”等网上银行结算，提高了财务管理水平。二是财务管理信息系统功能多样化。随着计算机技术的进步，“高校财务管理系统”已由原来单纯的电算化核算功能，升级发展为集收支核算、分级管理、预算控制、报表生成和其他软件接入等功能为一体的多功能管理系统，有利于提高管理的质量和水平。

（一）财务帮助管理信息化

校园网系统与财务管理有关的是财务网页、校园一卡通及加载的收费软件子系统，财务部门将财务管理信息系统查询功能连接到财务网站，提供给

教职工和学生查询自己的工资、经费、学费缴纳等相关信息。

1. 校园网财务信息平台

通过校园网搭建的财务信息平台起到了信息沟通作用，体现了服务功能。信息沟通包括将相关国家财经制度、财务各项管理文件、学生收费项目和标准、通知等通过校园网财务网页进行发布，同时将教职工的各种建议和意见通过网站收集起来，经后台进行处理后再反馈到网页。服务功能包括查询工资及个税、学生缴费、个人科研项目、部门预算经费收支等。

校园财务信息平台除了信息查询和信息发布等基本功能外，正在逐步增加业务服务功能，如个人收入管理、远距离账务处理、预约报销、智能排队短信通知等。远距离账务处理，使财务人员可以在财务部门办公地点以外，通过校园网办理审核和制单，摆脱了办公地点的束缚。教职工可在财务网页点击“预约报销”，输入报销内容及预约报销时间，就可以在约定的时间办理报销。智能排队短信通知功能，就是到财务部门办理报销业务时，在排队机上取完号后，可以先去办理其他事，快到号时系统会自动通知取号人。

2. 校园卡和收费软件

校园一卡通信息系统是应用C技术和网络通信技术专门为校园综合管理而开发的系统。“校园卡”储存学生的各项信息，除了借阅图书的功能，还可用于校内就餐、购物、交费等结算，为财务管理提供了新的手段。校园一卡通信息系统将校园卡刷卡消费的各项收入传递给财务管理信息系统中的账务处理子系统，进行账务处理。

校园网可以加载缴费软件，缴费软件系统可以进行注册或报名，然后通过个人网上银行缴费，并将收费收入传递给财务管理信息系统的收费管理子系统，进行收费处理。

3. 校园互联系统

计算机技术的发展，使经济业务实现了网络化，财务管理信息系统与网上银行对接的校园互联系统，实现了“电子转账”“无现金报账”等网上银行结算。“电子转账”即对公业务的转账、电汇、信汇等业务由网上银行转款所代替，不用到银行柜台办理；“无现金报账”即个人的差旅费、劳务费等费用可以通过财务管理信息系统与银行系统接口连接，直接将款项打入个人的银行卡，不再使用现金付款。通过网上银行进行付款及结算，有效地控制了现金风险，使财务结算更加快捷和高效。

（二）财务管理信息化

财务管理信息化是通过开发和建立高校财务管理信息系统软件来实现的，高校财务管理信息系统是由财务电算化发展而来的多功能管理系统。财务管理信息系统可以根据用户的需要增加管理功能，软件开发需要满足高校“集中核算、分级管理”的要求，综合核算、管理和查询服务等的功能。计算机技术对高校财务管理的作用越来越大，现代高校财务管理若离开了信息管理系统，将无从谈起。

1. 财务管理信息系统的功能

高校财务信息系统必须满足分级管理、预算控制、集中核算、其他软件接入等基本管理要求。

（1）分级管理功能。财务管理信息系统一般通过设置“部门”来实现分级管理的功能，实行学校、二级学院按部门核算及分级管理。

（2）预算控制功能。财务管理信息系统一般通过设置“项目”来实现预算管理和控制的功能，通过“科目＋项目”的双重核算管理，达到控制预算经费使用的目的。

（3）集中核算功能。财务管理信息系统通过网络将各财务人员使用的电脑终端连接在一起，根据每个人的岗位职能分工设置不同的系统使用权限。财务人员在自己的终端电脑上完成自己的岗位工作，然后由系统将每个人的工作内容统一起来，达到集中核算的目标。

（4）其他软件接入功能。财务管理信息系统在安全性的基础上可以增加接入功能，将系统外的数据传输到系统中来。系统数据也可以导出输出系统，做到数据共享，节省人力。

2. 财务管理信息系统的设置

财务管理信息系统的核算、管理和预算控制功能是通过对系统进行有效的设置体现出来的，相同的系统不同的设置，作用是不同的，恰当的设置可以把系统功能最大限度地发挥出来。

二、预算管理和控制

高校预算是指根据高校事业发展规划和年度工作任务所编制的年度财务收支计划。预算管理和控制的主要内容包括高校预算的种类，预算编制的依据、原则和要求，预算编制方法，预算编制内容，预算编制程序，预算的控制等。

（一）高校预算的种类

高校预算分为“单位预算”和“内部分级预算”两类。为了与政府部门预算编制一致和便于学校内部分级管理，高校需要编制两类金额一样但用途不一样的预算。一类是上报财政部门的“单位预算”，侧重于财政拨款收入细化预算；另一类是内部分级预算即财务收支计划，侧重于高校内部支出分配细化预算。

1. 单位预算

单位预算是指列入政府部门预算的国家机关、社会团体和其他单位的收支预算。而政府部门预算则是指预算编制以政府的各个部门为单位，一个部门的各项财政资金均统一反映在该部门的年度预算之中，以增强预算的规范性、科学性、合理性。高校财政补助拨款收入属于财政教育支出的一部分，因此高校预算是政府教育主管部门预算的组成部分，属于部门预算中的单位预算。

2. 内部分级预算

内部分级预算，是根据高校内部发展规划和年度工作计划，按政府财政部门预算批复的单位预算年度收支总额编制的，适用于高校内部分级管理的收支计划。

部门预算和高校内部分级预算收支总额应该保持一致，财政拨款类项目明细预算保持不变，公用经费支出明细预算可能会有所变化，主要体现在内部分级预算因实行分级管理的需要，更加细化和具体。

（二）高校预算编制的依据、原则和要求

高校预算编制是指高校制定取得和分配使用资金的年度计划的活动。高校预算编制必须根据相关依据、遵循相应的原则和符合一定的要求。

1. 预算编制的依据

高校预算编制的依据是国家的相关法律法规、预算拨款政策和高校发展规划等，具体包含以下几方面依据。

（1）《中华人民共和国预算法》。

（2）政府收支分类科目。

（3）财政补助标准。

（4）学校发展规划和当年工作任务，以及上一年预算执行情况和本年度收支预测总额。

2. 预算编制的原则

（1）“量入为出、收支平衡”的原则。高校收支预算，应根据高校收入和财力情况安排支出，做到量力而行，一般不能编制赤字预算。

（2）统筹兼顾。

（3）“稳定”的原则。高校收支预算应积极稳妥，不应将上年非正常收入作为本年编制预算收入的依据。

3. 预算编制的要求

（1）按部门的要求细化预算项目。高校预算是部门预算中的单位预算。单位预算涵盖单位的所有资金的收支，包括本级预算和下属单位预算、正常经费预算和专项经费预算。高校预算作为部门预算的组成部分，必须按照政府部门预算管理的精细化要求编制本单位预算，预算必须包含具体项目和使用单位。

内部的预算，应按预算标准和具体项目将预算支出分配到学院或部门，没有具体项目和责任单位的预算，不是细化预算。但在细化预算过程中，不是越细越好，选择项目要以便于执行和控制为准。细化预算不仅体现了客观、公正、公开的特点，而且没有中间环节，能提高预算的效率。

（2）支出预算应一次性分配到位。内部支出预算应一次分配给具体使用的二级学院或单位，不应切块给职能部门，然后再进行多次分配或以审批代替预算分配。预算多次分配容易产生漏洞，影响预算的绩效，因此支出预算要按项目明细一次性分配到位。

（3）建立预算的权威性。在预算编制过程中，要把预算经费与实现目标挂钩，使用经费的权利要与完成任务的职责相对应，按财权与事权相统一的原则分配预算。在预算安排上，要设定任务和应达到的目标；在专项预算经费使用的过程中，要跟踪检查预算执行情况；年终决算时，应对本年度预算执行情况和是否达到预定目标做一个分析总结，并在一定范围内公开，确立预算的权威性。在按“零基预算”方法编制内部分级预算时，如果只规定了使用经费的权利，没有设定完成任务的职责，则容易导致内部争夺经费，使预算难以达成一致，降低预算的效率。因此，建立预算的权威性，是提高预算效率的重要办法。

（4）预算安排和项目设置要科学。支出预算分基本支出预算、项目支出预算。不管是基本支出预算还是项目支出预算，一般以项目形式安排预算支出。如果内部预算项目设置能够达到避繁就简的目的，提高工作效率，并且同样的经费有同样的使用效果，这样的预算安排就是比较科学的。

（三）高校预算编制方法

根据编制范围可将预算分为综合预算和局部预算。综合预算是在编制部门预算时，将单位的财政拨款收入、预算外收入、事业收入、捐赠收入以及其他收入进行统治，以此来安排部门预算支出的一种预算管理方法。高校预算采用综合预算，用以全面反映高校及其所属单位的年度财务收支计划情况。

1. 常用预算编制方法

预算常用的编制方法有固定预算法、弹性预算法、增减量预算法、零基预算法、基础预算法。固定预算法、弹性预算法、增减量预算法，在高校传统的预算中经常使用，但存在一些不足，不利于精细化管理。目前应用较多的是零基预算法、基础预算法。高校实际编制预算，是根据实际情况不同的项目采用不同的编制方法，或者多种方法混合编制。

2. 高校部门预算编制方法

政府预算实行部门预算后，高校预算开始采用零基预算法编制预算，即“单位预算”按财政部门的要求采用零基预算法，根据高校全面预算的要求，采用综合零基预算法进行编制。单位预算侧重于财政支出预算，政策性很强，必须遵照财政补助标准和相关支出政策，按综合零基预算要求编报预算，凡是细化预算与财政拨款有关的，或是其他可见的收支，一般按支出项目预算。

3. 高校内部分级预算编制方法

内部分级预算即内部预算分配，是高校根据事业发展需要编制的年度财务收支计划，收支总金额与单位预算一致，但侧重于学校内部二级学院或部门的经费支出分配，是学校内部各部门的支出细化预算。根据高校的实际情况，内部预算采用零基预算法和基础预算法编制。

（四）高校预算编制内容

高校预算是日常财务管理中组织收入和控制支出的依据。高校预算由收入预算和支出预算组成，实行“大收大支”的预算收支总额控制管理办法。因此，预算的主要内容就是收入预算和支出预算，预算编制内容为收入预算编制和支出预算编制。

1. 收入预算编制

收入预算是高校年度内通过各种形式和渠道能够获得的用于开展教学、科研等各项事业的全部资金的收入计划，主要有财政补助拨款收入预算、其他政府补助预算、教育事业收入预算、科研事业收入预算、捐赠收入及其他收入预算。由于实行财政收支两条线管理，事业收入必须缴交财政专户后再申请返拨。返拨款难以分清具体收入项目，大多以专户返拨收入来归集，但收入预算还是要按照明细收入来编制。

2. 支出预算编制

支出预算是高校年度内用于开展教学、科研等各项事业活动的全部支出计划，支出预算分总支出预算和项目明细预算。高校预算的重点是在收入既定的条件下，对支出总额进行分配，因此资金的投向是支出预算要解决的主要问题。

（五）高校预算编制程序

高校预算的编制，不管是部门预算中的单位预算还是内部分级预算，都要经过“二上二下”的程序，即自下而上、自上而下的过程。

1. 政府部门预算中单位预算编制程序

政府部门预算编制由财政部门和教育行政主管部门布置。财政部门通知预算编制的相关拨款政策和标准，以及其他有关事项：教育行政主管部门召集本部门所属的与财政部门存在拨款关系的高校和其他教育单位，布置下年度预算编制工作。

2. 高校内部分级预算编制程序

高校内部分级预算是由高校财务部门布置年度收支预算工作，公布预算编制要求和日常经费支出预算的定额标准、专项经费申报及其他相关事项说明。

（六）预算控制

现代高校财务管理，是通过信息化手段即计算机、互联网和财务软件来管理预算指标、控制预算支出的。

1. 预算指标的控制

高校内部分级预算最终形成年度预算并下达文件后，必须将预算项目和金额指标录入高校财务信息管理系统。预算指标管理的重点是支出预算，根据预算项目和金额，将本年度所有支出预算项目及预算金额录入财务管理信息系统中，作为年度支出指标控制数。在各项目实际支出时，系统会自动控制超过指标的支出以及投有预算项目的支出。通过计算机管理软件的自动控制，达到控制预算指标的目的。

2. 预算使用范围的控制

在预算管理中还会涉及各预算项目的特定支出范围，比如人员经费预算只用于人员支出，公用支出预算只用于公用不得列支人员费用，这个问题可以通过计算机管理信息系统进行设置和控制，可以运用软件管理系统控制具体支出科目的列支范围。在预算项目实际支出时，如果超出设定科目，系统将自动阻止操作，以达到控制支出范围的目的。

3. 执行过程

单位预算经财政部门批复后，除突发性事件和政策性因素可追加预算，其他支出项目一般不作追加，而是在编制下年度预算时加以考虑。

高校内部分级预算一旦通过审议确定，并按程序下达，就必须执行学校年度核算方案，不得超预算支出。但在预算执行中如遇特殊情况需要调整或因不可预料的事件必须追加支出的，应根据授权审批管理程序进行调整或追加。

第五章　高校财务困境的形成与应对策略

20世纪末至21世纪初的10年中，中国的高等教育取得了举世瞩目的成就。高等教育的规模取得了长足的发展，较快地完成了由精英教育发展阶段向大众化教育发展阶段的过渡，高等教育正在按照既定的方针健康、快速地发展。同时，我们应该看到，高等教育的快速发展和扩张使得中国高等教育的管理面临诸多的挑战与课题。扩招给高校的教学设施及办学条件所造成的压力不断加重，使得高校逐步陷入财务危机无法自拔。探究高校财务困境的成因，并找出有效的应对措施，是学术界及政府将要面临的重要问题之一。

第一节　高校财务困境的形成原因

在我国高等教育大众化的历史背景下，我国高校掀起了扩招与合并的浪潮。高校为了使其在教育主管部门主持的“大学教学评估”达标，不得不进行校舍的建设，使得学校的资金更加紧张。在资金紧张、政府拨款又不足的条件下，向银行贷款成了高校的无奈选择，由此产生了巨额负债本息问题，使得高校陷入更深的财务困境。因此，政府投入不足，高校扩招、合并以在“大学教学评估”达标以及负债运营，是高校陷入财务困境的主要原因。

一、高校财务困境的内涵

财务困境，亦称“财务危机（financial distress or financial crisis）”。国内外众多学者都对财务困境进行过研究，有的以财务指标来判定主体是否会陷入财务困境，有的采用更广泛的概念，涵盖财务发生困难时的多种情况，

如包括破产（bankruptcy）、失败（failure）、无力偿还（insolvency）和违约（default）等。

财务困境和财务风险是既有区别又有着紧密联系的两个问题。财务困境是财务风险累积后的直接结果。风险水平的大幅提高是导致财务困境发生的根源。同样，风险水平的下降预示着困境发生可能性的降低，而且风险严重程度与困境严重程度成正比。

财务风险具有累积性，从而使得财务困境也往往具有突发性，当高校财务治理和财务管理领域存在深层次矛盾没有得到妥善解决时，会逐渐积淀成为潜伏的随时可能爆炸的"定时炸弹"。随着风险不断增大，高校财务健康程度是逐渐降低的，财务困境发生的概率随之增大，若这种风险达到高校所能承受的临界水平，就会危害高校正常运行，使高校陷入困境。

二、高校财务困境的诱因

（一）高校财务困境产生的宏观背景

1. 高等教育大众化发展的相关理论

高校财务困境的历史背景是高等教育大众化，高等教育大众化是对高等教育发展阶段的描述，是高等教育发展到精英阶段后高等教育在规模、速度等方面发生的巨变及其所引起的在教育目标、结构、学术标准以及管理体制等方面的相应变化，是一个国家或地区为适龄青年提供的高等教育的普及程度。

1973 年，美国社会学家马丁 · 特罗在考察美国高等教育的量的扩大和质的变化后，提出高等教育发展的三阶段理论，该理论提出后，对世界各国高等教育的发展产生了深远影响。在马丁 · 特罗撰写的《从精英向大众高等教育转变中的问题》（1973）一文中，马丁 · 特罗提出了高等教育大众化的理论体系，以高等教育的毛入学率 15% 以下、15%~50%、50% 以上 3 个区间为界限，把高等教育发展进程划分为精英、大众和普及 3 个阶段，提出了高等教育发展的"三阶段论"与"模式论"，并从高等教育的规模、观念、功能等多个纬度，论述并分析了高等教育从"精英"向"大众""普及"发展过渡中所引发的一系列问题。

马丁 · 特罗的高等教育发展的三阶段理论一经提出就受到社会的普遍重视。从各国高等教育发展的历程来看，这一理论具有一定的准确性，符合特定时期高等教育发展的规律。但是，随着高等教育的进一步发展，许多国家出现了一些与马丁 · 特罗当初的预想并不完全吻合的发展。为了阐明新问题和修正自己的理论，马丁 · 特罗在《精英和大众高等教育——美国模式与欧洲现实》（1978）一文中补充、修正和说明了自己的一些新观点。从这之后，日本、韩国等国家相继走上了高等教育大众化之路，其发展模式又与美国、欧洲等有着明显的差异。于是，日本的一些学者又对马丁 · 特罗的理论做了进一步的完善和发展。

马丁 · 特罗的三阶段理论属于描述性理论，他提出这一理论的时候，美国高等教育毛入学率正处于接近普及化水平的时期，欧洲许多国家的高等教育毛入学率也已经超过了15% 这一大众化指标。因此，马丁 · 特罗的三阶段理论是建立在高等教育实践发展基础上的理论，是对高等教育发展历程中的规律所进行的总结；同时，这一理论是基于美国高等教育经验的总结，是对美国高等教育规律的分析。

马丁 · 特罗敏锐地发现战后美国高等教育规模的扩张给社会带来的深刻影响，他认为每个国家的高等教育问题都应该与数量增长相联系，并体现在高等教育领域的每个方面。为此，他将高等教育系统内各种变化都与数量增长相联系，使数量的增长成为高等教育大众化理论的逻辑起点。

马丁 · 特罗认为，高等教育数量增长的 3 个方面增长率、绝对规模的增长、毛入学率的变化与高等教育领域的质变存在一定联系。马丁 · 特罗关于划分高等教育三阶段的数量标准也不是绝对的，这个划分标准没有任何数学工具的支撑，或者说没有统计学上的意义。它是他的一种想象和推断，是一种根据事实而进行的逻辑判定，是他根据自己从事高等教育的经验对当时世界高等教育发展形势的一种判定。数字并不是一个非常重要的因素，并不一定具有实际的意义，5%、15% 和 50% 不是一个固定的区别标准。它们并不代表一个点，而是一个区间。你同样可以认为 6%、7% 属于精英教育阶段，也可以对大众化 15% 的标准进行新的划分。马丁 · 特罗有关高等教育大众化理论不是一个目标理论，它是对已经发生的高等教育现象的一种描述，是对历史和现实高等教育的一个总结。

我国学者对我国高等教育大众化阶段产生的一些问题也展开了研究，并且形成了相关的理论成果。邬大光（2003）认为，大众化理论是对高等教育内部活动所发生变化的一种分析，高等教育大众化所引发的大学与社会外部

关系的演变，是高等教育研究的另外一个问题，并非大众化理论的重点。顾明远（2001）根据发达国家大众化进程的经验以及我国高等教育的现实，提出了建立多元化的高等教育发展目标。这里的多元化可以理解为，既包含结构、层次、办学主体的不同，又包含因满足不同需要所带来的专业、培养目标、教学方法与手段、管理制度、师资结构等的不同。马宁（2005）认为，从1999年以来，我国高等教育总体规模发展过快，远超过经济的增长速度和社会总体需要，将会带来社会风险。因此，未来10年我国高等教育的发展策略应该是低速增长、稳步发展。

2. 外国实现高等教育大众化的主要模式

"二战"后，世界各国的高等教育迅猛发展，许多国家已经步入马丁·特罗所判断的高等教育大众化的数量门槛，部分国家甚至达到普及化程度，高等教育的规模迅速增长给各国的高校带来了严重的经费短缺问题。解决高等教育经费短缺问题，大致形成了4种模式，分别是美国模式、西欧模式、亚洲及拉美模式、苏东转型国家模式（潘懋元，2007）。

（1）美国模式。

美国在1950年前后进入高等教育大众化，1990年前后进入普及化。美国高等教育从精英阶段迈向大众阶段是在1930年至1960年前后，公立和私立大学呈同步发展的态势。在进入大众化阶段的1960年以后，公立的两年制学院快速增长，在校生规模迅速扩大，呈现以公立院校扩张为主的特点，维持美国高等教育规模、实现持续扩张的融资政策体现为多元化特点。民间投入、各级政府拨款以及学校的各项自筹收入，构成了美国完善的高等教育融资体制。各级政府拨款和民间力量的投入为规模扩张提供经费，为美国高等教育大众化直至普及化提供了坚实的经济基础。

（2）西欧模式。

西欧国家高等教育大众化开始于20世纪70年代以前，从70年代中期开始，许多西欧国家高等教育的毛入学率徘徊在20%~30%之间，都未能进入普及化阶段，这些国家的高等教育大众化主要依靠公立高校，以政府财政拨款为主，民间投入很少，大众化发展过程缓慢。西欧是传统的高福利国家，教育历来被认为是公共产品和政府的责任，高校长期实行免费教育政策。"二战"后，受经济高速发展的裨益和人力资本理论的影响，政府包揽了高等教育的几乎全部费用，公立高校在各国高等教育体系中处于绝对的主导地位，私立高等教育在整个高等教育支出的总份额中所占比重很小。

这种完全依靠政府投入作为主要经费来源的高等教育大众化发展模式，首要问题是高校经费不足，政府拨款额的增长始终跟不上学生数的增长，生均教育资源逐渐减少。同时，由于长期缺乏对民间自主办学的激励机制，使各国高等教育在进入大众化发展阶段后发展缓慢，建立更适应市场需求的新型高等教育机构的发展动力不足。

（3）亚洲及拉美模式。

从20世纪70年代开始，在亚洲和拉美的一些国家实现了高等教育大众化的阶段，这主要得益于民办高校的蓬勃发展，以民间资源特别是学费作为主要经费来源。政府拨款以供给公立高校为主，公立高校适当收取学杂费作为补充；处于高等教育主体地位的民办高校主要依靠学杂费和募捐、基金维持，其中学杂费收入通常是最主要的经费来源。在政府财政拨款有限的情况下，通过收取学杂费和吸纳社会资金，较好地解决了高等教育规模扩张所造成的经费短缺问题；同时，通过私立高校间激烈的生存竞争，较好地满足了市场对高等教育的需求，形成了异质于欧洲传统大学的新高等教育体制。

这些国家和地区的公立和私立高等教育，普遍实行收费制，私立高等教育机构的经费最主要的是依靠学杂费。典型的代表是韩国和日本。1985年，韩国高等教育毛入学率已经达到34.2%，私立高校学生是公立高校学生的2倍还多，在私立高校总收入中，政府拨款仅占1%，82.3%为学费收入，同年公立高校总收入的49.6%也来自学费收入。日本高校状况接近韩国，私立高校容纳了全部在校生的70%以上，政府拨款除在20世纪70年代末和80年代初期超过10%，其余时候基本在7%~8%或更低：学费在高校收入中的比重则一直居高不下，私立大学保持在45.5%左右。

（4）苏东转型国家模式。

苏联和东欧社会主义转型国家的高等教育大众化进程是以政治体制转型为界，前期主要依靠政府支持实现公立高校规模扩张，并在20世纪80年代中期达到了较高水平。转型后，各国开始积极扶持私立高等教育，借助民间资金，使高等教育得以快速发展。

在苏东转型国家中，在政治转型前，只有波兰和罗马尼亚有少量私立高校，而且在校学生较少。转型后，各国纷纷出台相关扶持私立学校的政策法规，鼓励创办私立高校，为高等教育找到了新的“发动机”，促进了私立高

校的迅速发展。截止到1999年，波兰和罗马尼亚两国私立高校的学生数占全部在校生比重接近30%。在2004年，俄罗斯私立高校学生占在校生总数的比重为40.6%，保加利亚和匈牙利私立高校学生占在校生总数的比重也超过14%。转型之前，苏东国家全都实行免费高等教育，政府是公立高校经费的最主要来源。转型后，由于经济发展缓慢，国家财政收入有限，高等教育经费不足，各国纷纷实行高校收费政策，允许公立和私立高校收取学费或者招收自费生。其中，俄罗斯高校自费生比例截止到2000年达到51%；2000年波兰私立高校收入的平均98.5%、公立高校收入中的平均24.4%都是来自学费。

3. 我国高等教育大众化进程

从1998年开始，中国高等教育通过连年扩招，完成了从精英型到大众化的历史跨越。我国高等教育大众化的进程是由政府主导的，大幅度扩大高校招生规模的主要原因是: ① 我国持续高速发展的经济需要更多的专业化人才；② 人民群众普遍存在望子成“龙”（“凤”）的心态，渴望子女都能接受高等教育，作为人民的代表—政府有责任满足人民的这种需求；③ 高校扩招可以推迟学生的就业时间，并且增加对教育的消费，能够拉动内需、带动相关产业发展；④ 由于以往高校招生比例低，录取人数较少，考大学难，迫使中学集中力量备考高难度的考试，从而影响了素质教育的全面推行。

扩招的势头停止于2006年5月10日，由国务院做出决议：“高等教育的发展要全面贯彻落实科学发展观，切实把重点放在提高质量上，适当控制招生增长幅度，相对稳定招生规模。这样做，有利于集中必要的财力，改善办学条件，优化育人环境；有利于集中精力，加快学科专业结构调整，深化人才培养方式改革；有利于逐步解决当前高校存在的矛盾和问题，特别是缓解高校毕业生就业的压力，从而实现高等教育的可持续发展。”根据上述决议，在2006年，我国高校招生规模增长幅度控制在5%以内。

高等教育大众化理论本质上属于一种预警理论，是对高等教育的规模扩张之后，人们对此发生的各种变化的一种预警，也是对已经进入和将要进入高等教育大众化阶段国家的一种预警。这一理论试图解决3个方面的问题：① 寻找一种研究的途径，以便能够把高等教育发展中遇到的各种主要问题综合起来研究，而不是孤立地、彼此隔绝地看待这些问题；② 通过这综合研究，发现高等教育发展过程中内涵的规律；③ 利用所发现的高等教育发展规律去预测、引导高等教育未来的发展，提早进行必要的准备或革新，以适应未来的发展变化。马丁 · 特罗的三阶段理论的最大贡献在于改变了过去孤立地、片面地研究高等教育发展问题做法，通过系统地分析高等教育发展过程中出现的各种问题与数量变化之间的联系，探讨量变与质变的辩证关系，为研究高等教育发展问题提供了一种新的方法，为我们提炼出一些高等教育发展中的规律，为各国政府制定高等教育发展政策提供了重要参考依据；通过对大众化所引发的高等教育内部变化的描述和揭示，对将要或者刚实现高等教育大众化的国家起到预警的功能。

（二）高校财务困境形成的直接诱发因素

大众化扩招政策下基本建设大规模支出引致的资金短缺促成高校集体性负债，这一点在业界基本形成共识。扩招引发的全局性基本建设具有历史性特点，属于特定国情特殊时期的产物。对高校而言，由基建带来的投资风险和借款带来的筹资风险的叠加是财务风险形成的直接诱发因素。

1. 大规模基本建设

大幅度扩大招生规模势必为高校带来巨大的资金需求，全国普通高校在校生规模从 1998 年的 360 万人增加到 2006 年的 1800 万人，直接导致了办学资源的全面紧张。根据北京大学高等教育科学研究所调查，2001 年大多数高校的各类物质资源已经处于不足状态，校舍方面更是历史欠账严重，很多高校已经低于教育部有关办学条件的最低标准。十几年来，我国高校在办学规模迅速扩大的情况下，致力于扩充校园和改善办学条件。固定资产在大规模扩张的情况下，高校办学条件仍不能完全满足在校生人数的扩充。

2. 基建拨款不足

在高等教育规模数倍扩张的过程中，国家基本建设投入和财政补助没有相应地跟进。据测算，为满足办学规模扩张后的基本办学需求，应该安排的基本建设投入约为 10385 亿元，实际国家预算内基本建设投入（包括国债资金）仅 840 亿元，国家投入占实际需要百分比为 8.09％。

高速扩张的基建需求如何解决。政府部门提出解决方案，如上海市教委规定："高校基本建设资金实行多渠道筹集和投融资体制改革，通过政府投资、学校自筹、银行贷款和社会企业投资教育等多渠道筹集建设资金。"上海市教委还提出："高校曾经无偿使用的国家拨款也改为政府投资，上海市政府对高校基建项目的资金支持，由拨款改为投资，以明晰投资人权益，提高投资效益。”可见，市场经济环境下的高校面临着基本建设投资严重不足的巨大压力和挑战。

3. 银校合作推动

扩招后办学条件的“瓶颈”迅速转变成了资金“瓶颈”。在我同高等教育财政拨款严重不足、大幅度提高学费标准也不可能的情况下，发端于1999年的大众化教育后的基建资金短缺问题，必须且只能通过举债解决。在政府鼓励下，向银行借款几乎成为高校唯一的选择，这实际上是高校代替政府自行向银行的一种“求助”，高校成为政府向银行借贷的“替身”。

仅从市场规则看，凭高校自身条件是难以获得银行贷款的，银行能不顾非营利组织的信贷资金投入，不具增值性的风险而频频向高校伸出援助之手，也满足了政府与银行利益所需。

从银行自身看，市场化运营的商业银行需要为大量沉淀的储蓄寻找增值途径。政府在迫切需要高等教育带来其作为准公共产品外部性的同时，却无力支付相应的价格，只能在政策上大力支持高校利用银行贷款来进行解决。无论是高校扩张引发的巨额资金需求，还是政府的参与，最终导致的都是高校的过度负债，银行与高校的默契加上政府的无所不在，使得高校可以大胆地借贷，银行可以放心地放贷，高校的巨额债务由此而生。

4. 高校行政管理体制缺陷

（1）产权所有者缺位。

公立高校是准非营利组织，国家是其出资人，全体人民是学校资产的所有者。政府将资产委托高校自行经营和管理，不要求资产偿还，也不分享资产剩余收益。高校领导独立行使法人权力，不必承担具体受托责任。高校作为法人具有自己的内部集体利益，这时高校办学行为与政府办学目的出现分化。随着高校规模扩大，办学类型越来越复杂，监管难度也越来越大。在公有产权制度安排下，高校的资产属于国家的所有人民；但从实际上来看，任何个人都不能独自享有高校的资产，而且是人人不得所有。这样就会造成高校的所有者缺位，政府机构既是高校财产的委托人，又是高校资产的代理人。公有产权虽然否认了个人对高校财产的合法所有权，但是高校资产仍然需要自然人来配置和管理。因此，人民要切实行使公立高校的管理权，就必须把高校的产权管理委托给中央政府；然后再由中央政府一级一级地向下委托，直至高校的校长、院长、系主任。公立高校的委托代理关系的建立，经过了层层委托代理过程，使得执行者不直接对委托者承担资产变化责任。这种多层级的委托增加了代理成本，也弱化了代理责任与高校的激励约束效应。由于各级代理机构和它们的代理人利益目标并不一致，在缺乏健全的民主监督机制的情况下，代理人实际上已经异化成了高校的实际所有者，而人民群众作为高校财产真正的所有者，反而成了与高校财产无关的人，导致“产权所有者缺位”。所有者的缺位可能导致对办学资源的配置缺乏有效监管，对经济决策缺乏有效监督，并使所有者权益可能受到损害。

（2）内部事务行政权力主导。

当前公立高校管理中存在的最大问题是行政权力的高度集中化。首先，高校的办学自主权集中于校级党委和校长，但由于高校资产的所有者缺位，导致校长和书记的权力缺乏有效的约束；其次，在公立高校权力结构中，学术委员会和教代会能否有效地开展工作完全依赖党委和行政领导的支持，大学生及其家长参与高校决策更是缺乏相应的制度安排，因此作为高校重要利益相关者的教师和学生等在高校的权力结构中也是缺位的。

高校内部的监督部门难以对学校的校级领导实施有效监控，在某种程度上形成“内部人控制”，从而导致高校的权力滥用和失控。随着高校的行政权力的扩张与膨胀，处于教学科研岗位的一线教师如同“临时工”，疲于应付由行政人员制订的各种考核标准。而且，在某些高校，根据教师们本学年度教研绩效成果，年年调高下一年度获得等额奖励所需的教研绩效的标准，由于教师们在这样的博弈中处于弱势，只能消极应对年年看涨的评奖标准，使得教研的奖励失去激励的作用，使得高校的教研绩效提高缓慢。另外，高校的学术组织行政化，学术组织的实际负责人都是各级行政领导，学术权力不断萎缩；对高校的行政权监督弱化，在目前高校的体制下，依靠教代会、工会难以对高校的行政权力实施有效制衡。

（3）权责不对等导致监督失灵。

对高校行政权力运行实施有效监督是目前建立现代大学制度难以回避的重大问题。在对高校资产的重重委托代理关系中，除最初委托人和最终代理人，其他委托代理层级上的人员均具双重身份，既属于上一级的代理人，又从属于下一级的委托人。这种委托代理关系中的双重角色使利益在同一主体上分离，从而导致每一层级的中间委托人努力实现自身利益最大化、推卸自身责任，并分享双重利益。同时，由于双重角色导致的双重利益，处于中间

层级的委托人会因追求自身利益降低对高校监督的积极性，从而对高校管理者的激励约束效应进一步弱化。合理的产权制度安排能建立起有效的利益激励机制，从而实现产权主体责、权、利的统一。由于公立高校是非营利性机构，公立高校很难按照收益最大化、成本最小化的“理性经济人”原则进行经营和管理，最终也难以形成真正的法人财产权主体。由于代理人与委托人利益目标不一致以及政府政策的干扰性和信息不对称，使得高校的管理存在委托代理问题。在这种委托代理关系中，最初委托人对最终代理人无法进行直接监督和有效约束。各级委托代理人的权利、义务不对等，委托人和代理人不享有高校剩余收益的索取权，致使目前我国公立高校的管理者无有效监督。

高校的行政管理人员掌握着学校各类经济资源的配置权，但他们对学校经济状况的好坏在法律上不承担具体责任。校长是学校的法人代表，但仅仅是学校这个法人组织的一个签约人，只要校长的决策依照正常设定的程序进行，无论是否会有重大损失，其决策后果和经济责任都会由法人组织来承担，校长不会因此受到经济损失和法律制裁。相反，如果校长因决策正确而给学校带来巨大收益，校长也不能要求对学校的收益提出分配权。决策失误最终由国家承担，造成约束不足；学校收益与个人利益脱钩，会造成对个人的激励不足。两种状况都可能促使高校校长为追求个人利益的最大值而不顾及决策的风险成本。

具体行使支配公立高校教育资源的教育主管部门和校长不是公立高校真正的产权主体，这一方面会导致收益权不明晰，高校管理者缺乏激励的动力；另一方面会导致权责不对等，以致监督失效。由于没有人是公立高校的真正产权主体，在对高校资产管理的实践过程中，谁都不需要对权力的行使负责任，而且除了教育主管部门，政府的多个高教相关职能部门都代表国家和人民行使公立高校的管理权，但同时又没有一个政府职能部门去具体承担公立高校决策失误的损失。这是许多违背办学规律、盲目决策的行为在公立高校普遍存在的原因，这也是高校陷入财务困境的内部原因。

5. 高校负债运营

目前我国高校决策基本上是由校务会议或者校长办公会议决定，校领导的任命由教育主管部门进行，校长的任期结束之后并不一定都能连任，因此存在决策行为的短期化、高校自身决策追求政绩的思维严重。只要能借到钱，本任校长办的事越多，对于提升就越有利，而还贷却是下任的事情。由于责任和权利不对等，助长了校长向银行借贷的冲动。

在我国，因为政府是高校潜在的担保人，高校所面临的还款风险比企业要小得多，这样高校自然是银行放贷的首选对象。在预算软约束和银行各种优惠条件的双重激励下，高校不仅将银行贷款当作解决高校发展资金不足的必然选择，而且由于在资金使用方面缺乏监督，产生攀比浪费，最终形成巨额债务。沉重的还本付息压力使很多高校陷入财务困境。

近年来导致高校产生贷款风险的影响因素很多，主要的制度成因是高校的预算软约束，对大学管理者的激励与监督、约束机制不健全，最终表现为预算的软约束，甚至演变为大学的持续财务困境。当大学遇到财务困难，国家或政府将用各种手段和方法帮助大学脱困，并使其得到发展，国家这样做的原因是国家不愿意承担由于大学破产所带来的一系列社会后果。另外，在我国政府官员代表人民行使国家权力，政府官员的政绩除了经济目标还有非经济目标，如增加就业率和保持社会稳定等。因此，大学潜在的发展能力就可能由于要适应政府官员的非经济性目标的需要而大打折扣了，而作为回报，政府官员会通过预算软约束，如向这些大学提供补贴等形式，来补偿大学的损失。

在我国，政府是公立高校唯一的投资者，高校的校长从学校项目开始时就已经知道项目所需的投资总额，而政府只能在项目开始后逐渐获得有关项目的可行性信息。这样由信息不充分导致的逆向选择行为就会发生，即拥有不良项目的公立高校会积极争取获得政府投资。当政府发现原来的投资项目是一个超额（高校申报时的预算）的投资项目时，就会面临两种抉择：停止投资或继续追加投资。政府的行政目标是追求社会福利最大化，由于项目前期的投入已经发生，如果追加投资的边际社会收益大于边际社会成本，政府将继续追加投资。由此可以看出，单一的投资主体容易导致高校的预算约束软化。在政府投入有限的情况下，公立高校有强烈的动机去争取超过自身负担水平的银行贷款，因为高校相信学校的贷款政府最终会买单。

6. 学费欠收对高校的影响

高等教育属于非义务教育阶段，为弥补公共办学经费的不足，学校依据国家有关规定，向学生收取学费。因此，高校办学经费除了政府的财政拨款，另一主要来源便是学生以成本分担形式缴纳的学费。高校的学费收入主要受学费标准的高低影响。中国高等教育收费严重偏高，超出了居民的平均承受能力，特别是对广大农村和城镇下岗职工家庭的学生来说，目前的上学费用已经成为他们无法逾越的大山，许多考生因家庭无法筹集到充足的学费而失学或加入了欠费大军。此外，近年来高校乱收费现象也非常严重，引起了社会极大反响。

因此，通过向受教育者增收学费来实现高等教育的规模扩张之路已经行不通。举债成为高校继续生存发展下去的必然选择。

随着高校收费制度的改革，学费收入已经占到许多高校收入的50％以上，学生学费收取的多少直接影响到高校资金的流量、财务状况。近几年来，随着各高校学生规模的不断扩大以及上大学个人交费比例逐年提高，高校中学费拖欠现象非常普遍，欠费学生比例和欠费金额也迅速提高，学生欠费已经严重阻碍了高校正常的教学科研工作。学生欠费率居高不下，严重影响了高校的收入，已成为致使高校陷入财务困境的一个重要因素。

7．信息披露机制不健全

透明的财务信息披露制度是保护高校的利益相关者利益的必要前提。公立高校的管理者作为国有资产代理人承担受托责任，有义务向政府提供财务信息。同时，高校的投资者、捐赠者、校友等外部利益相关者需要随时了解学校财务状况。在高校内部治理结构中，教职工和学生参与学校管理和监督，也需要及时掌握学校财务信息。但是，在传统单一投资体制下的高校财务管理制度，其财务信息生产过程和披露上存在严重缺陷。一方面，高校会计核算制度采用收付实现制而非权责发生制，不核算教育成本，许多基本财务信息，如不同专业的培养成本、固定资产的折旧等不准确或无法提供，提高了高校代理人犯“道德风险”的可能性，也增加了内部利益相关人参与管理的难度；由于财务信息传输不畅，外部投资者对高校运营情况、资金使用效率等难以了解，对高校未来运营情况、投资决策是否理性等难以准确预期，从而增加了高校从民间融资的难度。另一方面，高校财务信息披露严重不对称，高校主要面向政府而非所有的利益相关人披露信息，增加了高校从社会融资的难度，也导致校内监督失去意义，使高校开支项目很容易被行政领导所操纵，使权力失去监督。同时，由于学费收入已成为高校重要的收入来源，学生是学校教育服务的顾客，高校的财务信息披露也是对学生的一种负责。

第二节 高校财务风险预警体系建构

在认真总结研究市场经济条件下，探索我国高校在特定历史条件下财务风险形成的机制，建立相应的高校财务风险预警系统，探索与高等教育大众化发展相适应的高等教育财政政策和拨款制度、现代大学制度下的高校财务管理理念和财务治理的创新以及高校财务管理在技术、方法层面的创新问题，不仅具有重要的理论意义，还具有更为重要的实践意义，是防范高校财务风险的根本途径和举措。

一、高校财务风险预警的相关概念

（一）高校财务风险的概念

根据《中华人民共和国高等教育法》，公办普通高校包括实施高等教育的全日制大学、独立设置的学院和高等专科学校、高等职业学校和其他机构。

我国高校具有独立的法人地位，办学自主权也在不断扩大，高校的筹资渠道多，经济业务也日趋复杂化，因此高校不可避免地面临着财务风险。根据我们对财务风险概念的辨析，结合高校财务管理的特点，我们可以将高校财务风险定义为高校财务活动中一切不确定性因素给高校带来的预期收益与实际发生偏离的可能或损失。

（二）高校财务风险的特点

（1）不确定性。由于高校面对的外部环境是变化的，高校的财务活动也日益复杂，因此高校的财务决策和财务活动的最终结果都具有不确定性。如果高校不能识别各项财务决策或经济活动可能带来的风险，并积极采取防范财务风险的措施，就有可能发生经济损失。

（2）破坏性。高校财务风险具有较大的破坏性。如果高校利息负担沉重，不能偿还到期债务，或者高校因为决策失误造成经济损失，导致资金周转困难等，都有可能影响到高校正常的教学和科研工作，甚至会影响到高校的社会声誉。

（3）可控性。高校的财务风险是客观存在的，但也是可以控制的。高校可以通过完善高校治理、加强内部控制建设和进行全面风险管理等工作来达到防范和规避财务风险的目的，从而保证高校的健康发展。

（三）高校财务风险的种类

1．筹资风险

筹资风险主要是指高校向银行等金融机构进行举债产生的风险。目前，我国高校的资金来源主要有财政补助收入，即高校从同级财政部门取得的各类财政拨款（包括财政教育拨款、财政科研拨款和财政其他拨款）、事业收入（高校开展教学、科研及其辅助活动取得的收入）。另外，还有上级补助收入、附属单位上缴收入、经营收入和其他收入等。财政拨款是各级政府根据高校在校学生人数核拨的经费，高校招收的大学生越多，获得的国家的财政拨款就越多。随着我国人口结构的变化，高校的招生风险已经首先在一些非重点院校出现，部分高校出现了招生规模下降的趋势。另外，国家有一些科研专项资金是根据高校科研的实力来拨付的，这种款项的获得也具有很大的不确定性。再者就是学生学费的收缴率不确定，高校学费收入能否成为真正的现金流入，取决于学生家庭的经济实力和信用状况。部分学生家庭经济困难，通过银行贷款缴纳学费，其还贷状况存在不确定性。按照国家的相关政策，高校要建立学生贷款风险基金。这些都造成了高校在筹资领域存在风险。

由于财政资金的投入有限，许多高校在资金供给不足的情况下，为满足教育事业发展需要，通过银行贷款筹集大量资金。但是，银行贷款不是高校的收入，而是高校的债务，如果高校不能到期支付贷款的本金和利息，就会出现财务风险。从实践中来看，许多高校在贷款时，没有认真考虑贷款的资金成本和偿债风险，造成后期利息负担沉重，资金紧张，甚至不能到期归还债务，从而引发财务危机，直接影响高校的正常运转。

2．投资风险

投资风险是指高校因为投资失误造成的经济损失。我们可以将投资风险分为对内投资风险和对外投资风险两大类。

（1）对内投资风险。高校在发展过程中必然会投资于有形资产和无形资产。有形资产的投资主要是对建筑物、实验室、仪器设备和其他教学设施的投资，无形资产的投资主要是对人才等软环境的建设投资。为了满足高校的教学科研需求，很多高校规模急剧扩张，对投入的资金的使用效益却没有评估，从而造成资产的重复购置或闲置，资金的损失浪费严重等。还有一些高校的领导盲目追求政绩，对财务决策的制订缺乏必要的集体决策机制，对财务决策的实施结果也没有进行科学评价，这都导致高校财务风险增加。

（2）对外投资风险。高校下属的校办企业可以为高校带来收入，是高校筹集资金的一个重要渠道。但是，校办企业没有独立的法人地位，一旦出现投资失误和经营亏损后，只能由高校来承担责任，这就加大了高校的财务风险。从实践中看，很多高校的校办企业管理不善、资金周转困难，给高校带来了巨大的财务风险。另外，高校的对外投资风险还表现为一些高校将教育资金投资于股票、债券等有价证券，随着资本市场的波动，很有可能会出现投资损失，这都增加了高校的财务风险。

3. 资金运营风险

部分高校存在内部控制不完善、财务制度和管理制度不健全的情况，这都容易导致高校出现贪污舞弊、国有资产流失和资产的损失浪费等情况。还有部分高校存在预算编制不全面、不准确，预算执行不力等情况，有的高校甚至长期存在预算赤字。一些高校的下属二级单位对资金的使用控制不严、监督不力，致使财务违规事件频发。这些都是在高校资金运营过程中存在的风险，都会增加高校的财务风险。

（四）高校财务风险预警的概念

高校财务风险预警是高校建立财务风险预警指标体系，采用科学的方法来分析和监测高校的财务风险水平，并采取有效措施来控制风险的一项系统工程。通过高校财务风险预警系统的运行，我们可以分析和评价高校的财务管理水平，并能对高校财务运行中的潜在风险做出预警和提示，以促使高校积极采取措施，控制和化解财务风险，从而保障高校的健康发展。

二、高校财务风险的预警体系

功效系数法可以作为高校财务风险预警的一种主要方法。功效系数法是根据多目标规划原理，对每个财务指标确定一个满意值和不允许值，以满意值为上限，以不允许值为下限，计算出各指标实现满意的程度，从而确定各指标的分值，加权平均后计算出总分值，从而对被研究对象的状况进行综合评价的方法。我们可以按照以下步骤应用功效系数法对高校财务风险进行预

警分析。

（一）选取预警指标

前面我们将高校的财务风险分为筹资风险、投资风险和运营风险，如果再考虑高校的发展状况，我们可以建立由以下 4 个方面构成的高校财务风险预警指标体系。

1. 筹资风险指标

（1）资产负债率 = 负债 / 资产，该指标反映了高校负债与资产的比率，即在高校的总资产中，有多大比例是通过负债来筹集的。该指标高，就说明高校的债务占资产的比重高，高校需要支付的利息费用高，高校的财务风险也就越大。如果该指标过高，甚至会影响到高校正常的教学科研活动。

（2）利息保障倍数 -（年事业结余 + 年经营结余）/ 年利息支出，高校利息费用的偿还资金来源是事业结余和经营结余，该指标反映了高校资金结余对债务利息的保障程度。该指标越高，反映高校的偿债能力越强，财务风险越小。反之，如果事业结余和经营结余不足以支付利息费用，高校正常的教学和科研活动就会受到影响。

（3）自筹收入占总收入比率 = 自筹收入 / 总收入，高校的部分教学和科研收入以及获得的个人和社会组织的捐款等都属于高校的自筹收入，该指标表明高校自筹收入占总收入的比重。该指标越高，说明高校筹集资金能力越强，财务风险越小。

2. 投资风险指标

（1）资产收入率 = 年度收入总额 / 平均总资产，该指标反映高校利用资产获取收益的能力。该指标越高，说明高校资产运用效率越高，获取收入能力越强，高校财务风险就越小。

（2）对外投资收益率 =（校外企业投资收益 + 其他投资收益）/（年校办企业投资总额 + 年其他投资总额），高校的对外投资包括高校对校办企业的投资和其他领域的投资，该指标反映了高校对外投资的获利能力。该比率越高，说明高校的对外投资的效益越好，高校的财务风险就越小。

（3）净资产收益率 =（年事业结余 + 年经营结余）/ 平均净资产，该指标反映了高校利用净资产获取收入的能力，也直接反映高校资本保值增值能力。该指标越高，说明高校获取收入的保值增值能力越强，高校的财务风险就越小。

3. 运营风险指标

（1）资金可供周转月数 = 年收入总额 / 高校月均支出，该指标反映高校的年收入能维持高校的正常运转的时间。该指标越大，反映高校的年收入能维持高校的正常运转的时间越长，高校的运营状况越好，财务风险越小。

（2）学生学费收入支出比率 = 学生平均学费收入 / 学生平均支出，学生缴纳的学费是高校资金的重要来源，该指标反映学生缴纳的学费对学生开支的保障程度。该指标越高，反映高校收取的学费对学生支出的保障程度越高，高校的财务风险就越小。

（3）年收入支出比率 = 年收入总额 / 年支出总额，该指标反映高校年收入与高校年支出的比值。该比率越高，说明高校收入对各项支出的保障程度越高，高校的财务风险越小。

4. 发展风险指标

（1）自有资金增长率 = 年自有资金增加额 / 年初自有资金总额，该指标反映了高校自有资金的增长幅度。该指标越大，说明高校通过各种经营活动获得的自有资金增长得越多，财务风险越小。

（2）现金余额增长率 = 年现金余额增加额 / 年初现金余额，该指标表明高校可支配的现金的增减幅度。该指标越大，说明高校的财务调控能力越强，付现能力越强，财务风险越小。

（二）确定各项财务风险指标的标准值

在功效系数法下，首先要确定各项财务风险指标的标准值，即各项财务指标的不允许值和满意值。某个财务指标可以接受的最低值或最高值为不允许值，某个财务指标的满意范围为满意值。从理论上来讲，标准值可以根据分析的目的和要求确定，可以用高校某年的财务指标计划数，也可以用同行业的平均数。一般而言，当评价高校财务风险控制状况时，可以用高校计划水平为标准值；当评价高校财务风险变动情况时，可以用高校前期水平为标准值；当评价高校财务风险水平在同行所处地位时，可用同行财务指标平均值。本书采用最常用的同行业财务数据为基础数据。我们首先对各财务指标按照其特点进行分类，分为极大型变量、极小型变量、区间型变量和稳定型变量，然后再分别确定不同变量的标准值。

（1）极大型变量，即指标数值越大越好的变量，一般以同行最高值为满意值，以最低值为不允许值。

（2）极小型变量，即指标数值越小越好的变量，一般以同行最低值为满意值，以最高值为不允许值。

（3）区间型变量，即指标数值处于某一区间最好的变量，满意值一般可以按各高校的平均值确定，并以该平均值的 1 倍来确定不允许值的上限，以该平均值的 0.5 倍来确定不允许值的下限。

（4）稳定型变量，即指标数值为某一特定值最好的变量，满意值一般可以按照各高校的平均值确定，并以满意值的 1 倍来确定不允许值的上限，以满意值的 0.5 倍来确定不允许值的下限。

（三）计算各财务指标的功效系数

根据上述 4 类变量的特点，我们可以分别计算高校财务风险预警指标体系中的各指标的单项功效系数，具体的计算公式见表 5-1。

表5-1　单项指标功效系数计算表

变量类型	实际值 < 满意值	下限值 < 实际值≤上限值	实际值≥满意值
极大型变量	[（实际值—不允许值）/（满意值—不允许值）]×40+60		100
变量类型	实际值 < 满意值	下限值 < 实际值≤上限值	实际值 > 满意值
极小型变量	100		[（不允许值—实际值）/（不允许值—满意值）]×40+60
区间型变量	[（实际值—不允许值下限）/（满意值下限—不允许值下限）]×40+60	100	[（不允许值上限—实际值）/（不允许值上限—满意值上限）]×40+60
稳定型变量	[（实际值—不允许值下限）/（满意值—不允许值下限）]×40+60		[（不允许值上限—实际值）/（不允许值上限—满意值）]×40+60

（四）计算综合功效系数

在功效系数法应用的过程中，我们可以采用层次分析法、因子分析法或综合评分法来确定各财务指标的权数。将各指标的单项功效系数乘以该指标的权重，然后再将各指标数值加总，就可以得到综合功效系数。

综合功效系数 = ∑（各单项功效系数 × 该指标的权重）

（五）非财务指标引入高校财务风险预警系统

根据前述综合功效系数，我们可以对高校财务风险做出初步评价。但是，由于各高校可获得的财政资金金额、资产的规模和资金的来源等存在着很大的差异，只用定量指标对高校的财务风险水平进行评估是不够科学的，存在一定的片面性和局限性，因此，我们拟在高校财务风险预警体系中加入非财务指标，邀请理论界和实务界的专家对高校的民主决策程度、经济责任的明确划分、财务预算的编制和执行等多方面的指标进行评价和打分，从而对定量分析的结论进行补充，进一步提高高校财务风险预警系统的预测能力和预测精度。由此，我们设计了高校财务风险定性评价指标等级表，见表5-2。

表5-2　高校财务风险定性评价指标等级表

评议指标	权数	等级（参数）				
		优（1）	良（0.8）	中（0.6）	低（0.4）	差（0.2）
民主决策	15					
经济责任	15					
财务预算	15					
绩效考核	15					
内部控制	20					
内部审计	20					

从表5-2中我们可以看到，高校财务风险评议指标分为民主决策、经济责任、财务预算、绩效考核、内部控制和内部审计6项，相关理论界和实务界的专家可以通过走访、调研、会议和阅读相关资料等多种方式，充分了解高校财务风险管理现状，对各评议指标做出等级判断，给出相应的分值，并按照下列公式得出评议指标总分。

单项评议指标分数＝∑（单项评议指标权数 × 各评议专家给定等级参数）÷评议专家人数

评议指标总分＝∑单项评议指标分数

（六）高校财务风险综合评价分数的确定

在采用功效系数法得到综合功效系数并得到定性评议指标总分之后，应当按照一定的权重，对高校财务风险进行综合评价。本书对多位高校财务管理专家的意见进行综合，认为综合功效系数所占的权重为70%，评议指标总分所占的权重为30 %。由此可以得到高校财务风险的综合评价分数，其计算公式为：

高校财务风险综合评价分数＝综合功效系数 ×70%+ 评议指标总分 ×30 %

最后，我们可以根据高校财务风险综合评价分数反映的高校财务风险水平情况，将警情分为5个警度区间（表5-3）。各高校可以按照分值来判断自身所处的财务风险预警警度，综合得分小于或等于60分的高校，财务风险的水平最高，而综合得分大于或等于90分的高校，财务风险的水平最低。高校要根据不同的警度区间，有针对性地采取措施来防范财务风险。

表5-3　高校财务风险预警警度区间表

警度	巨警	重警	中警	轻警	无警
分值	≤60	（60，70）	（70，80）	（80，90）	≥90

另外，高校在得到多年的财务风险综合评价分数以后，可以计算年度之间的财务风险管理绩效改进度，以反映高校年度之间财务风险管理绩效的变化情况，其计算公式为：

高校财务风险管理绩效改进度＝本期财务风险综合评价分/基期财务风险综合评价分

财务风险管理绩效改进度大于1，说明财务风险管理绩效上升；财务风险管理绩效改进度小于1，说明财务风险管理绩效下滑；财务风险管理绩效改进度等于1，说明财务风险管理绩效不变。

第三节　高校财务困境的应对策略

高校治理是在大学利益主体多元化以及所有权与管理权分离的情况下，协调大学各利益相关者的相互关系，降低代理成本，提高办学效益的一系列制度安排。目前我国高校面临的许多财务风险都与高校治理不完善直接相关，完善高校治理是优化高校财务风险管理模式的必然要求。

作为公立高校的举办者和管理者，政府要为高校提供稳定的办学经费，并且要促进教育发展，规范教育活动，做好教育服务工作。同时，高校要构建良好的内部治理结构。

一、高校财务困境现状

（一）解决财务困境的迫切性

财务困境又称“财务危机”，是指会计主体履行义务时受阻，具体表现为流动性不足、权益不足、债务拖欠和资金不足 4 种形式（Carmichael，1972）。一般而言，当债权人的承诺无法实现或难以遵守时，就意味着财务困境的发生。近几年来，市场经济的发展使得我国高校财务管理环境发生变化，伴随着高校持续高速增长带来的繁荣，高校的建设性、发展性债务规模与日俱增，尤其是部分地方高校因过度举债等导致资金异常紧张，陷于难以应付的艰难境地。不少地方高校的财务已经面临收入难增、支出难压、收支难平、口子难填、工作难做的“五难境地”。目前，地方高校财务困境主要表现在：收支矛盾日益突出，资金调度异常紧张；赤字额不断增加，预算得不到平衡；负债额多面广，债务负担沉重。

（二）财务困境的主要矛盾

1. 教育优先发展与教育投入不足的矛盾

国家提出教育优先发展，高等教育大众化已成必然，高等教育遇到“跨越式”发展的机遇。教育优先发展在高校规模上得到了显现。政府对高等教育尤其是地方高校投入不足或不到位。其中，《中国教育改革和发展纲要》明确提出的“一个比例、三个增长”没有较好地执行。在连年扩招的情况下，地方高校生均教育经费支出和财政性公用经费支出却处于低增长甚至大幅下降之势。中央财政安排的教育经费支出主要用于重点高校，部分用于划转地方高校和专项转移支付。地方因受经费总量、学校数量以及与中央共建部分高校等因素影响，地方高校面对高等教育大众化显得力不从心，往往不像重点高校那样能够应对自如。虽然《中华人民共和国教育法》（以下简称《教育法》）明确了各级政府及其有关行政部门要优先安排学校基本建设的职责，但是自《教育法》颁布以来，拨付高校的基本建设经费不但没有增加，反而逐年减少。与此同时，层次不同院校的投入反差在增加，仅就生均拨款经费而言，不少省属高校的生均经费只是部属院校的一半。

2. 高校的发展速度与其承受能力的矛盾

20 世纪 90 年代末期，在政府实施高校大规模扩大招生政策的指引下，我国高等教育的发展进入了一个数量上高速增长的时期。高校承受能力有限：

一是师生比过高，其直接反映就是不少课堂的学生人数过多、大班课过多、任课教师中新任教师比例升高、代课现象增加等；二是生均教学用房及图书等持续下降，高校在物力方面的压力日趋加重。

3. 高校“吃饭”与“建设”的矛盾

地方高校收入总量小、收入结构比较单一，尤其是自住房公积金、职工基本医疗保险政策实施以来，学校按政策应到位的人头经费资金缺口大。许多学校连基本工资、课时津贴等都一拖再拖，迟迟不兑现，便是明证。地方高校办学条件虽然有了很大改善，但是与实际需要相比，还处于较低水平，特别是新开办的专业师资严重不足，实验设备十分短缺。事关学校发展的重点建设工程资金缺口也在加大。

4. “财务集权”与“财务分权”的矛盾

由于受传统思想的影响，许多高校习惯了“统一领导、集中管理”的财务管理体制，强调确保集中财力办大事。有的甚至认为在财务紧张的情况下，期望这种体制能发挥他们所想象的作用，他们担心学校全面下放权力可能导致调控能力削弱。但事实往往事与愿违；各部门只用钱不理财，造成理财和事业管理脱节，很少考虑使用效益；用钱的与管钱的在思想上存在“两张皮”。一些地方高校学科、专业门类趋于齐全，资金流量快速增加。学校教育管理日趋细化，经济管理层面增多，财务关系复杂化，高校财务管理的内涵日益丰富和充实。由此，实行分级管理体制的优势日益显现，要求学校在下放办学自主权的同时，要把人、财、物尽可能下放到二级经费单位。

5. 制度性缺陷与财务管理的矛盾

目前，我国高校制度的突出缺陷是“所有者缺位”。高等教育出资人主要是国家，国家是高校净资产的终极所有者，但国家并不要求偿还其提供的资产，也不要求分享经济上的利益，而是将这些资产交给高校自行经营和管理。对于高校而言，国家对其投资，但并不对其进行财务管理，因此造成投资的所有者缺位；高校管理者独立行使法人权力，但并不承担具体的受托责任，导致资源缺乏有效的管理和监督。高校财务不进行成本核算，不计算损益，财务管理的弹性大，在很大程度上弱化了高校财务管理的功能。

二、高校财务困境的应对措施

高校财务困境涉及政府对高等教育的要求，相应的经济及财政政策，经费供给的思路、结构、模式及导向，管理高校的模式和方法，以及高校自身的目标任务，经费来源，经费分配和使用，管理的制度、理念、方式方法乃至具体的办法等众多因素。目标任务超出经费供给，或经费使用超出经费供给，或制度、理念、管理方式方法与事业发展的目标不相适应等，都会导致财务风险的发生。应对困境就是要使高校自身的目标任务，经费来源，经费分配和使用，制度、理念、管理方式方法等相协调、相匹配、相一致，成为一个保障高校科学发展和运行的有机整体，确保高校运行的血液——“经费”得以顺畅地运行。

（一）完善经费筹措机制

资源投入是决定高等教育规模和质量的关键因素，保障投入是防范高校财务风险的基础和前提。随着全球范围内中等教育的普及和知识经济的兴起，人们对高等教育的需求急剧扩张，高等教育呈现由精英教育向大众化乃至普及化方向发展的势头。2015 年，我国高等教育毛入学率已经达到 37.5 %，可以预计高等教育的规模将会随着经济社会的发展进一步扩大，高等教育的毛入学率也将进一步攀升，由大众化向普及化发展。政府经过努力已将公办高校的政府财政保障率提高到了 58 %，起到了主渠道的作用。

1. 政府主导，多渠道筹措

政府对高校资金投入是十分必要的。首先，高等教育具有混合产品性质。社会产品按其受益范围来看，可以分为公共产品、混合产品和私人产品。公共产品是具有非竞争性和非排他性的产品。非竞争性是指消费者消费某产品时并不影响其他消费者从该产品中获得利益。非排他性是指消费者在产品消费中很难将其他消费者排除在该产品的消费利益之外。混合产品是在性质上介于公共产品与私人产品之间的产品。高等教育服务的产品属性为“准公共产品”，高等教育一方面具有竞争性，因为我国的高等教育规模是一定的，每年高校能录取的人数是有限的，一部分学生被高校录取，获得了接受高等教育的机会，另一部分学生就没有接受高等教育的机会；另一方面，高等教育还具有非排他性，即某一个人在享受高等教育时并不影响其他人从该产品中获得利益。对于混合产品，市场经济国家一般采用政府提供与市场提供相

结合的方式。

其次，对高等教育投入是公共财政应尽的职责。高等教育是一国政治、经济、文化和军事发展的基础，高等教育的发展极大地影响社会其他事业的发展。一个国家高等教育水平高，国民的道德思想水平、社会的法治化程度和稳定化程度都会得到很大提高，从而推动社会经济和谐发展。因此，高等教育具有很强的外部性。目前我国高等教育的收费水平较高，如果高等教育都由市场或私人提供，将使很多的学生因为无力负担学费而丧失接受高等教育的机会，这违背了教育公平的原则，所以虽然部分私立院校也可以为社会提供高等教育服务，但是就现阶段及未来较长的时期内来看，我国的高等教育还是应由政府举办为主。总之，公共财政对高等教育的投资是十分必要的，在公共财政财力允许的情况下，其经费投入也是多多益善。

虽然我国的高等教育财政投入规模大幅增加，其绝对量已经相当庞大，但是面对我国社会公众对高等教育不断增加的需求以及高校规模不断扩大的现实，政府还需稳步加大对高等教育的财政投入。政府要提高教育经费占GDP 的比重，要在规定的 4% 的基础上进一步增加。同时，政府要提高高等教育财政性经费占高等教育总投入的比重，以保证高校能有充足的资金来满足正常的运转需求，并不断发展壮大。另外，政府可以采取一些间接财政投入方式。例如，优化与高等教育事业相关的税收优惠与减免政策，为社会资本进入高等教育领域提供便利与动力、完善银行助学贷款制度、鼓励设立社会捐赠基金等。政府要完善高校预算拨款制度，要改变传统的以在校学生数为基础来确定财政拨款金额的落后方法，要将各项财政经费等进一步细化为基本运行经费、专项经费和绩效拨款等，以促使高校更加注重财政拨款使用的绩效，从而有利于体现财政拨款的宏观调控职能。政府要改变高等教育财政资源在东部、中部及西部分配比例严重失衡的现状，高等教育财政经费的地域分布要适当向中西部地区倾斜。

高校要建立起政府主导和多渠道筹措资金的经费筹措机制。目前，我国高校的经费来源主要是国家财政性教育经费、事业收入和其他收入等。在所有的收入来源中，除去财政拨款，都可以称为高校的“自筹收入”。由于我国高校数量众多，短时间之内要大幅度提高财政拨款的数量是不现实的，因此高校多渠道地筹措经费是降低财务风险的必然措施，高校要充分发挥自身的办学资源和科研优势，通过人才培养、科技成果转化、产学研合作等多种方式来吸纳资金、增加办学经费。首先，高校要以市场需求为导向，合理进行专业设置和人才培养，努力培养出社会需要的人才，提高高校的声誉，从而争取到更多的社会资金的支持。其次，高校要争取科研项目，加速科技成果转化，通过对政府或其他社会组织提供高水平的决策咨询服务，加强产学研合作等获得更多的科研资金、科技成果转化收入和企业的投资等。再次，高校还要通过校办企业来增加资金来源，高校要充分发挥人力资源优势，通过兴办科技企业来为社会服务，同时可以为高校筹集更多的经费。最后，积极吸引社会捐赠，健全和完善社会支持的长效机制，多渠道汇聚资源，增强自我发展能力。同时，政府需要努力培植捐赠文化，完善鼓励捐赠的配套政策，在争取社会资源和拓展资金渠道方面取得更大的进展。

2. 财政投入的目标和原则

建立兼顾公平与效率的高等教育体制是世界各国政府追求的目标，也是各国大众化高等教育阶段所面临的共同难题。高等教育公平指的是社会成员在占有高等教育资源上的公正与平等，即通过资源配置的公平，实现社会成员在高等教育的入学、过程（接受各种教育服务）和结果（就业）三方面的机会均等。公平的教育资源配置应同时具备以下 3 个内涵：一是横向公平，即均等分配教育资源以保证辖区内所有学校和学生享受基本相同的教育设施和服务；二是纵向公平，即依据“谁受益，谁付款”原则，要求接受高等教育的社会成员直接承担一定的成本；三是实质公平，即通过资源配置中的调整和转移，对特殊社会群体，如少数民族、贫困学生和残疾学生予以适当支持。横向公平和实质公平由政府的高等教育财政政策及投入决定，纵向公平则是成本分担及补偿问题，与私人部门（主要是受教育者及其家庭）的投入有关。因此，高等教育的公平问题最终归结为公共部门和私人部门投入的总量和结构以及公共部门投入的分配问题。高等教育总投入越多、公共部门投入的分配越均等、公共部门投入对特殊群体的扶植力度越大，实现公平的可能性越大。

高等教育承担着实现公平的社会责任。教育公平是和教育资源的分配密切相关，教育资源是有限的且在地区分布、学校分布、时间分布上具有不平衡性。教育资源的分配受到国家政策、社会意识形态、经济发展水平、教育人口的变化等主要因素的影响。较为公认的教育资源分配的公平原则有以下 5 项：一是资源分配均等原则。这是一项起始性、横向性公平的原则，主要

是保证同一地区、同一国家内对所有学校和学生实施基础教育财政公平。二是财政中立原则。这一原则指每个学生的公共教育经费开支上的差异不能与本学区的富裕程度相关。这项原则保证上一级政府能够通过对下级政府、学校不均等的财政拨款，克服所辖学区间、城乡间的教育经费差异，保证学生获得均等机会。三是调整特殊需要原则。对少数民族（种族）学生、非母语学生、偏远地区及居住地分散的学生、贫困学生、身心发育有障碍的学生，给予更多的关注和财政拨款。四是成本分担和成本补偿原则。遵循成本应该由所有获益者分担的原则，要求在非义务教育阶段，对学生收取一定的教育费用，并对部分学生采取推迟付费的办法，是一种纵向性公平。五是公共资源从富裕流向贫困的原则。这是现阶段各国学者判断教育资源分配是否公平的最终标准，是教育财政公平的最高目标，也是实现教育机会均等的最根本的财政要求。

随着知识经济时代的到来，尽管各国政府均认识到人力资本投资，尤其是高端人才培养对经济增长和国家竞争优势的重要性，但在有限的财政预算约束下，高等教育供给与需求的矛盾日趋尖锐，于是人们开始关注高等教育的效率。高等教育效率是从产出角度衡量上述资源投入的收益，包括人才培养的数量和质量、科研成果的数量和质量、社会服务等。从静态来看，一国不同地区、不同高等教育机构单位投入的产出数量和质量及由此产生的社会和私人收益肯定存在差异：若以既有的效率决定当期的公共和私人投入，尽管可以实现短期社会和私人收益的最大化，但必定导致资源配置的不公平，这种不公平又会反过来扩大效率的差异，从而形成恶性循环，这便是效率与公平的冲突性。但是如果从动态来看，一国不同地区、不同高等教育机构当前投入，产出效率的差异或许正是过去资源配置不公平的结果。要实现未来的、长期的社会收益最大化，应该在不降低高效率院校投入的前提下，增加对低效率院校的投入，一旦此类高校效率相对提升，私人投入就会增加，从而形成良性互动，这便是公平与效率的共存性。

因此，如果从动态角度理解一国高等教育的公平和效率，政府在培育高等教育效率中的作用和地位不可替代，高等教育公共财政的增长及其向资源匮乏地区和高校倾斜、向弱势社会群体倾斜是增进长期效率和实现实质公平的关键所在。建立规范的高等教育财政转移支付制度是实现兼顾公平和效率的一项重要政策措施。为此，我们要完善财政转移支付制度，明确建立规范的政府间财政转移支付制度的根本目标，是为了实现地方高等教育服务供给能力或水平的大体均等；逐步扩大均等化转移支付和与特定政策目标相联系的专项性转移支付的规模；完善专项性转移支付拨款，使项目的设置更科学、合理，成为国家在高等教育方面对地方政府加以引导和进行宏观调控的重要手段；转移支付制度应坚持公正性、规范性、公开性的原则等。

3. 财政拨款的方式

当前各国高等教育财政政策促进公平和效率两大主要举措：一是成本分担下的学生资助以实现公平，二是预算约束下的绩效拨款以增进效率。在有限的教育财政预算约束下，政府对高等教育投入的增量有限，各国兼顾短期效率和长期效率的主要策略是改进拨款机制，采用绩效拨款，在提升高校投入效率的同时，使增量部分兼顾公平。

近年来，我国政府开始引入基于绩效导向的拨款方式，对流大学建设起到了积极的促进作用，在提升高校办学质量和服经济社会发展能力等方面发挥重要作用。同时，我们要充分注意到专项经费名目过多、交叉重复且占总经费比重过大引起的问题，包括高等教育发展的同质化倾向、内涵式发展的导向不够，高校自主权名惠而实不至，定额经费不足的同时专项经费大量结余，“吃饭”与“建设”的财政供给结构比例失调，这些问题倒过来反而影响了高等教育的整体绩效和高校财务运行的健康顺畅。这么多年的实践证明，“基本支出预算 + 项目支出预算”（实务中亦称“定额拨款 + 专项经费”）是相对合理和有效的财政经费分配方式。定额拨款就是所谓的公式法拨款，主要功能是保障高校的基本支出；专项经费就是项目拨款，体现着扶优、扶强、扶特的绩效导向和竞争法则，主要功能是保障专项建设任务。

当前的着力点，首先应该是进一步提高定额拨款占总体拨款的比例，提高定额的标准，确立生均定额拨款为主的财政经费分配基本模式，让高校能够有更大的经费统筹安排自主权和办出特色的资源配置基础。定额可以有高校分类和地区差异系数，但是定额差异也不能走进越分越细的死胡同。其次，专项拨款应采取更加开放的评审制度和更加严格的验收评价制度，专项经费的投入及成果应接受更加严格的公众及社会的监督与评判，更好体现公平公正竞争的原则。办学及管理改革绩效奖励专项应更多地与立德树人和提高质量等终极目标挂钩，并纳入学校可统筹安排的自主权内，该专项不必拘泥于专用的原则。专项经费立项要求的学校配套一定要审慎评估，权衡运用经费分配杠杆干预学校预算安排和保障学校自主权之间的利弊。总之，财政经费分配应进一步体现简政放权的导向，正确拿捏高校自主权与绩效导向的关系，重视社会各方对高等教育绩效评价的关注点及尺度，把握好“一要吃饭，二要建设”的财政经费安排的基本原则。

4. 民办高校及政府财政支持

目前，我国高等教育的毛入学率已经达到37.5%。反观西方发达国家所走过的高等教育大众化及普及化的发展道路，没有一个国家可以单独依靠国家财政举办清一色的公立大学来完成如此规模宏大的高等教育公共产品的供给，而私立大学及“民办官助”的形式则为各国普遍采用。各国发展历程、经验和实践都表明了这条道路的必要性、可行性及广阔的前景。

随着知识经济时代的到来，知识已经被公认为资本，现实社会中人们日益清晰地意识到个人缴费接受高等教育的收益明显高于投入的成本，人们愿意缴纳较高的学费接受更为优质的高等教育的意愿不断增强。同时，随着社会对“知识”的重新定义，专业分工日趋细化，实用主义思潮和就业导向强化等，“生物多样性”的法则在高等教育领域充分展示，分层、分类的高等教育展现了强劲的生命力，而民办高等教育有着满足市场不同需求的天然敏感性和灵活性，与市场紧密结合的体制机制天然优势，可以较为充分地体现市场在资源配置上的重要作用。

我国民办高校发展的历史不长，规模有限，潜力和前景不小。我国民办高校在不同的发展时期，融资渠道呈现不同的特点，举办之初，一般是投资于教育的企业或个体股东将投资主要用于学校基础建设，而学费主要用于学校的经常性开支；在形成一定规模进入持续发展阶段后，衍生出教育股份公司或教育集团直接或间接参与投资民办高校，形成了一种新的民办高等教育融资方式。民办高校资金筹措存在的主要问题：一是经费渠道较为单一且不稳定，经过近30年的发展，80%以上的民办的高校的80%以上的办学经费靠学费收入，不足部分靠银行或个人贷款；二是银行贷款渠道不畅且手续费昂贵，目前主要是流动资金贷款，大多是一年的短期商业性融资，缺乏西方发达国家私立高校惯用的或我国企业界惯用的其他融资手段，如信用贷款、发行债券、发行股票、资产证券化、投资实业、融资租赁以及投资基金的设立与运作等；三是社会捐赠制度不完善；四是如何在教育公益性与资本寻利性之间找到一个平衡支点，拓宽学校融资渠道，这将成为影响民办高校今后可持续发展的关键。

民办高校应该成为支撑和承载我国大众化乃至普及化高等教育阶段的重要力量。国家政策应支持民办教育发展，鼓励社会力量和民间资本提供多样化教育服务。国家财政应给予民办高等教育相应的财政支持，以求以较小的财政支出规模撬动较大的高等教育规模扩张，同时有利于促进国民经济发展的动力更多地转向依赖消费的推动力。

国外私立高校融资模式对我国民办教育的启示：一是建立健全对民办高校扶持的法规体系，国家应对民办高校的扶持政策法律化，允许民办高校为改善办学条件而开展盈利事业，从法律上明确产权界定，建立和完善监督与评估制度，规范民办高等教育市场；二是加大政府参与民办高校资金筹措的力度，要引导公众投资民办高等教育事业，积极鼓励社会捐资办学，通过发行教育彩票筹集用于资助民办高校贫困学生的基金，对民办高校的教育性事业和其他经营活动的收入实施免税或减税以及财政给予相应的支持和补助，撬动整体高等教育规模的进一步拓展；三是积极争取社会捐赠，运用利益驱动机制对捐赠进行利益补偿；四是拓宽经费筹措渠道，利用其体制灵活、自主经营、高效决策等诸多优势，为企业培养各种急需人才，扩大生源，增加收入，为企业提供技术支持和决策咨询服务，将 BOT（建设—经营—移交）或融资租赁等引到民办高校后勤建设中，积极开拓海外融资渠道，把国外教育资金吸引到我国民办高校中来，寻求与国外企业的联合。

5. 社会服务和捐资助学

随着高等教育与经济社会发展紧密度的不断增强，促进了世界各国的高校纷纷走出象牙塔，更多地担起社会责任，这已成为世界各国高等教育发展和社会发展的潮流。世界各国高等教育发展的实践也表明，科学研究、社会服务、产学研合作和社会捐赠逐步成为高校筹措经费的重要渠道之一。科研经费收入多寡通常由高校的职能定位或科研职能的强弱决定，也与政府的制度安排有密切关系。在美国，公立高校的绝大多数属于教学型的，科研职能较弱，因此科研经费收入只能是经费来源的辅助渠道；而多数私立高校则属于研究型的，科研职能较强，因此科研经费收入是经费来源的主渠道或主渠道之一。在日本，国立高校的绝大多数属于科研教学并重型的，因此科研经费收入是经费来源的主渠道之一；而多数私立高校由于属于教学型的，因此科研经费收入只是辅助渠道。这一点与美国高校正好相反。

由于美国的高校率先确立了社会服务为大学的基本职能之一的办学理念，加之政府制度的相应安排，这项收入不论公立还是私立高校都是经费来源的主渠道之一。在日本，由于国立大学是政府的附属机构，并实施同立大学特别会计制度，加之长期形成的办学理念，该项收入仅为经费来源的辅助渠道：而私立高校由于没有或很少获得政府财政拨款，必须多渠道争取办学经费，该项收入一直是经费来源的主渠道之一。

社会捐赠办学是美国独特的捐赠文化的体现，加上税收制度的积极鼓励，因此社会捐赠收入一直是私立高校经费来源的主渠道；而公立高校则因为处于主渠道地位的政府财政拨款不断减少，开始加入与私立高校竞争社会捐赠，成为努力方向，逐渐成为经费来源的主渠道之一。在日本，由于捐赠文化的相对缺失，同时政府管理国立大学方式导致了国立高校寻求捐赠的积极性不高，而私立高校因其社会声望普遍不高的因素，使得社会捐赠收入在国立和私立高校经费总收入占比小，均成为经费来源的辅助渠道。

要确保高等教育进一步发展的经费供给，除了需要依靠政府继续支持，各级各类高校都需要克服“等、靠、要”和传统的、封闭式办学的思维惯性，夯实服务国家战略和社会发展的观念，以服务求支持，以贡献求发展，在服务经济社会发展中进一步拓宽经费筹措的渠道，扩大社会合作，积极吸引社会捐赠，健全和完善社会支持的长效机制，多渠道汇聚资源，增强自我发展能力。同时，政府需要努力培植捐赠文化，完善鼓励捐赠的配套政策，在争取社会资源和拓展资金渠道方面取得更大的进展。

（二）创新体制机制与理财理念

1. 高校要成为自我发展、自我约束、独立承担财务风险的责任主体

按照产权理论，公立高校的产权主体是国家，国家代表全体国民对高等教育资源行使权利，高校占有、使用高等教育资源，执行政府指令。但是，与国有企业相类似，高校名义上归全民所有，实际上无人所有，所以各级政府成了高校资产的所有者和行政管理者。1999 年，政府做出了高校大规模扩招的决定，要在短时间之内大规模扩招，必然要求高校加大资金的投入，但由于政府财政投入有限，许多高校与银行合作，逐渐产生了巨额债务，根据中国社科院发布的《2006 年：中国社会形势与预测》统计，2005 年我国公办高校的银行贷款总额达到了 1500 亿 ~2000 亿元，几乎所有高校都有贷款，这导致很多高校承担了巨大的财务风险，因为还贷困难，有的高校被银行冻

结了账户，有的高校不得不继续贷款，用以贷还贷的方式维持运转，有的高校卖地卖房还贷。针对高校资金使用安全问题，2002 年教育部、财政部联合下发了《关于清理检查直属高校资金往来情况，加强资金管理，确保资金安全的通知》，要求各高校加强资金安全管理，防范财务风险。之后，政府又不断出台了一系列通知、意见来限制高校过度贷款。最后，为化解财务危机，高校积极筹措资金偿还贷款，银行对高校到期贷款给予一定延期，政府对高校债务化解给予适当支持，中央财政安排专项资金化解中央高校债务，地方财政则对地方高校化解债务提供资金补助。许多学者对这次高校债务危机进行分析后认为，高校财务风险形成的制度根源就在于高校的法人地位缺失，由于高校承担了政府的高等教育的政策性任务，高校的决策者和管理者认为高校是国有的，不可能破产倒闭，高校的贷款也是高等教育扩招的衍生品，政府必然会对高校的贷款进行“隐形担保”，因此高校可以尽可能多地向银行贷款，即使出现财务风险，也最终由政府负责偿还，高校不必最终承担贷款带来的财务风险。并且，由于政府缺乏对高校的贷款使用情况的监督、社会力量和市场力量对高校的参与度过低、高校的信息透明度低等原因，无法分清高校的巨额债务中哪些部分是因为扩招而产生的必不可少的正常的支出，哪些是领导的错误决策和盲目投资所带来的。当高校无法承担巨额债务所带来的巨大财务风险时，最终只能由政府给予救助。从以上的分析我们可以看出，高校的财务风险的产生并不仅仅是高校内部管理制度的不完善，它的产生有其特殊制度根源，主要表现为高校法人实体地位的缺失，高校与政府的关系依然是上下级的行政关系，高校是政府的附属机构，高校领导防范与控制财务风险的意愿比较低，缺乏责任意识和效率意识。因此，完善高校外部治理是控制高校财务风险的基本前提，只有高校真正成为自我发展、自我约束、独立承担财务风险的责任主体，高校才能积极采取措施管理财务风险。

2. 政府对高校从直接行政控制为主到间接宏观调控为主

政府对高校的管理手段包括直接调控和间接调控，这两种手段都因市场失灵而产生。直接调控是直接干预高等教育的当事人的行为权，依靠强制性的行政手段。间接调控是不干预高等教育当事人的行为权，依靠非强制性的经济手段。在计划经济时代，政府通过行政手段来执行所有者职能，高校没有任何独立自主的经营权，并且由于高校领导由政府考核和任免，由政府决

定其升迁还是降级，他们的首要任务便是响应政府的号召，执行政府的政策，在这样的基础上建立的高校财务管理系统必然是不完善的，高校财务管理的功能将大打折扣，容易造成高校的财务政策失误，带来高校的财务风险。例如，有的高校的校领导权力过大，在制订重大的投资和筹资决策时，对决策的科学性和可行性缺乏科学的论证和分析，通过行政手段制订决策，最终给高校带来经济损失等。因此，政府应该以间接调控为主，即主要运用立法、规划、拨款、信息服务和政策指导来对高校进行管理，以直接调控为辅。例如，政府可以通过制定有关法律法规来保护高等教育和高校的合法权益，实现依法治教和依法治校。政府也可通过经济手段来对高等教育进行宏观调控。例如，政府可以通过调整拨款政策和拨款金额等方式来影响高等教育的发展，通过对家庭贫困学生给予财政资助和助学贷款等措施来保障高等教育的公平等。

3. 加强社会对高校治理的参与

《中华人民共和国高等教育法》提出："高校应当面向社会，依法自主办学，实行民主管理。"在高校的举办权上，政府不应是唯一的高校的举办者，可以引入更多的办学主体。也就是说，政府不再垄断提供高等教育这种准公共产品，可以将分高等教育的提供交给社会和市场来承担。在高校经费的筹集中，我们可以借鉴国外高校的先进经验，引入更多的社会资金。例如，在美国，高校资金主要来自以联邦政府为主的财政拨款，但学生的学费、公司、基金会和私人的捐赠也成为重要的资金来源，其中高校科研经费的来源更趋于多元化。众多的基金会和学术科研资助机构为科研人员提供科研资金，不仅保证了高校科研活动的正常开展，也保证了高校教师科研工作的学术独立性。另外，根据利益相关者理论，高校是一个典型的利益相关者组织，大学的利益相关者包括政府、教职工和学生等。高校要充分重视利益相关者的意愿，加强利益相关者对高校的监督，实现利益相关者对高校的共同治理。教师是高校的人力资本，也是在科研与教学方面最直接的利益相关者。让更多的教师参与高校治理非常重要，一方面，学校要为教师创造沟通交流的条件，了解教师对于管理与教学方面的想法与建议，减少由于信息沟通渠道不顺畅引起的摩擦，加强院系行政管理层与教师之间的信任；另一方面，学校要通过教职工代表大会进行民主协商，充分听取教师对于学术建设、内部管理的意见与建议。学生不仅是高校最庞大的群体，也是直接被管理的对象，他们对于学校管理存在的问题也会有深入的了解，但是目前学生参与高校治理的意愿低，因此高校要营造民主的文化氛围，构建学生参与治理的各种渠道，鼓励学生通过适当的途径来参与高校治理。

总之，高校要建立起既有利于高校自主经营，又有利于公众参与和社会监督的环境，改变目前政府对高校行政干预过多、过深的现状。防范高校财务风险是一项复杂的系统工程。高校财务运行健康与否及其风险状况，不仅与经费的供给状况与方式密切相关，而且与学校的目标定位、理财理念、体制机制等密切相关。因此，高校要确立绩效导向的理财理念，在扩大财源及经费投入的同时，开始重视资源的有效配置及利用，提升经费的使用效益。

（三）构建内部治理结构

良好的高校内部治理结构具有以下特征：一是权责分明，各司其职。高校设置有决策机构、执行机构和监督机构。各个机构的权利和职责都是明确的。高校的决策机构代表产权所有者对高校拥有最终的控制权和决策权；执行机构在高校章程和决策层的授权范围内行使职权，组织开展高校的日常教学科研活动；监督机构依法对决策机构行使职责时的行为进行监督；决策机构、监督机构和执行机构之间权责明确、相互制衡和相互协调。二是激励与制衡机制的有机结合。根据前面的分析我们知道，高校存在委托代理关系，由于委托人和代理人信息不对称，委托人可以通过一套激励机制，促使代理人采取适当的行为，最大限度地实现委托人所预期的目标。三是职工参与民主管理的途径扩大。在现代高校管理体制下，高校要通过选举教师代表参与高校管理的决策环节，行使决策权，参与到监事会的工作中，行使监督权。因此，在构建良好的高校内部治理结构方面，要注意下面几个方面。

1．实现决策—执行—监督三权制衡

目前我国实行的是“党委领导下的校长负责制”，党委是高校的最高权力机构和决策机构，主要负责高校的发展战略和重大事项决策；以校长为代表的行政系统负责实施党委决策；政府作为高校的出资者，有管理高等教育的义务，对高校的运行起到监督的作用。高校要建立决策、执行和监督三权分立及制衡的治理机制，即党委要保证高校各项活动的正确方向；行政管理部门要全面贯彻落实高校的各项政策，保证执行权力的正确行使；政府要对高校实施科学有效的监督，使党委和校长的权力在既定的轨道上运行。有效的三权制衡机制是高校内部控制良好实施的基础，只有在理顺了高校治理结构，明确了各部门权责的基础上，才能按照不相容职务、岗位互相分离的内部牵制原则，明

确各岗位的职责权限，保证高校内部控制的良好实施，并提高效率。

2. 重构内部治理权力体系，加强学术权力

我国高校的内部治理权力主要包括政治权力、行政权力与学术权力3种。政治权力源于政府，行政权力源于高校的行政管理层，学术权力则来自高校的教职工。3种权力并行反映了高校利益相关者共同参与治理的本质。但在现实运行中，政治权力常与行政权力结合，甚至政治权力通过行政权力表现出来。更值得注意的是，行政权力在三大权力中居于主导地位，对学术权力的干预尤为严重，教职工在高校治理中的权力受到约束。因此，加强高校内部控制的建设必须重构权力体系，提升学术权力的地位，回归大学治学的本质。高校要加强学术委员会的权威，凡是涉及高校的学科建设和学术事务的重大决策都应由学术委员会决策。为保障学术委员会学术权力的充分发挥，高校还要明确学术委员会各成员的工作职责，规范学术委员会的运行机制与程序，建立健全议事制度，保证决策的科学合理，改变部分高校行政权力膨胀、学术权力弱化的现状。同时，高校要提高职工在教职工代表大会、工会等重要会议上发挥重大事项决策的权力与学校活动的监督管理能力。

3. 建立全面的约束与激励机制

约束和激励是高校治理与内部控制的两种基本手段。首先，为保证高校决策权行使的合理性和效率，避免出现决策失误，必须在高校治理的框架内解决以校长为代表的高层管理人员的控制和激励问题。其次，为保证高校的政策能得到彻底的贯彻与执行，防范经济业务执行过程中可能存在的损害高校资产安全和经济效益的行为发生，高校要在内部控制的框架下解决对校长以下的业务执行部门和岗位的控制和激励问题。高校的约束激励机制必须改变传统的平均分配主义，以“经济人”假设为前提，以教职工的收入、职称、职务评聘和发展机会为主要内容展开，坚持收入与个人的人力资本投入相联系，以个人贡献业绩定职称职务。另外，为充分发挥教职工的积极性和创造性，还可以综合运用多种激励机制，实现高校和教职工个人的利益一致，真正建立起适应高校特点和教职工需求的开放的激励体系。

4. 成立内部控制建设领导小组

目前，考虑经济业务的熟悉程度，大多数高校都将内部控制建设的工作交给财务部、纪检监察部门或者审计部门负责。但事实上，内部控制的建设涉及高校的多个部门，财务会计等部门只能起到一个牵头的作用，因此高校

领导层要加强内部控制的意识，高校党委要发挥在高校内部控制建设中的领导作用，校长要对内部控制的建立健全和有效实施直接负责。高校要成立由校长担任组长，财务处、国有资产管理处、基建处、科技处、招投标管理处等部门人员共同组成的内部控制建设领导小组，建立高校内部控制建设的组织体系。高校还要成立专门负责内部控制建设的职能部门，明确学校各类经济活动的业务流程，对各个环节存在的关键风险点进行分析，在此基础上建立学校的各项内部管理制度，有效运用不相容岗位分离、授权审批、预算、财产保护和会计控制等多种内部控制的基本方法，对学校层面和业务层面进行管理。高校内部的各个部门，如各学院、各管理部门等，都要明确其在内部控制建设、实施与监督检查中的职责权限以及单位内部控制建设、实施与监督的程序和要求。另外，高校还要对内部控制建设进行监督检查，定期编写高校风险评估报告，对高校内部控制的完善和有效性进行客观评价，并提出有针对性的完善建议。

5. 高校要建立全覆盖式监督体系

高校要建立全覆盖的监督机制，以防止决策失误、行为失范和权利失控。高校的监督体系主要包括行政监督、审计监督、业务监督、党内监督和民主监督。在高校治理结构上，高校一方面要明确党委会、校长办公会、教授委员会以及院系委员会等权力机构的职权范围，建立议事规则和活动规则；另一方面要充分发挥监察和审计机构的监督功能。在内部控制领域，高校要充分实现业务监督的作用，在现行管理模式下，任何一项业务环节发生异常，都会在相关业务中有所反映，业务监督是最为具体的一种监督形式。此外，高校还要充分实行党内监督和民主监督。党内监督的主要对象是高校的党员干部，监督对象的特定性决定了党内监督的指向性非常明确。民主监督是最具群众性基础的一种监督形式，监督主体多，体现了高校师生职工的利益诉求，高校要通过多种形式实现对权力的监督，以保障高校的健康发展。

（四）提高相关人员认识

1. 提高校长认识

校长对高校财务部门的地位和作用以及存在的风险必须有高度、清醒的认识。

（1）作为学校管理的重要组成部分，学校财务部门应是宏观调控并参与决策的重要部门，而不仅仅是服务机构与学校领导的工具。在新形势下，高

校财务职能部门不能再仅仅局限于传统的会计核算与记账功能，在为院系和其他部门提供更好的微观财务服务的同时，必须着眼于学校财务的长远发展，从宏观上考虑资源的筹划、资产的管理、资本的运营等重大财务事宜。作为一校之长，应确立财务管理在高校发展建设中的基础地位与调控功能，明确高校事业发展与财务管理的关系，把高校事业发展与财务管理统一起来。

（2）在现代市场经济条件下，高校应关注并引入风险管理，不能因忽视财务风险的存在而忽略风险管理。目前，相对部属重点高校来说，地方高校财务风险日益加大，主要表现在如下两点：①过度举债发展带来的财务风险增加。一是将有限的资金投入到未来发展上；二是依赖于巨额的银行贷款，如果学校一旦投资失误或者效益低下，财务风险骤增，会严重地影响学校的长期发展。②生源市场变化带来的财务风险增加。目前，我国的高等教育招生逐渐转变为买方市场，大多数地方高校将面临两难选择的尴尬局面；要么缩减招生计划，要么降格以求，招不到理想学生。但办学规模既已形成，大批软件、硬件设施已投入，缩减招生计划会造成资产的闲置、办学成本的增加，出现规模的不经济性：而招收的学生不理想，又会影响人才培养质量，对学校的形象产生负面影响，更难招到满意的学生。

2. 提高财务人员认识

财务部门及财务人员对高校财务管理模式的变化及财务的职能必须有科学、全面的认识。

目前以“报账型”为主的财会工作模式严重滞后于高校改革，并与市场经济发展的要求不相适应，主要表现在以下 4 个方面：

（1）财会工作基本停留在以核算为主的模式上，存在“重收入、轻支出，重项目、轻效益，重资金、轻物资，重购置、轻管理”的状况，形成了市场经济环境下财务的职能有所削弱的反常现象。

（2）财务管理目标不明且层次较低。在实际工作中，财务人员的任务就是按照领导的意见把钱用好，其管理仅停留在一般意义上的收拨、分配与使用资金。很多人对于在市场经济体制下高校财务管理“应该做什么，如何做”不甚了解，从而决定了财务管理是低层次的。

（3）财务人员管理意识淡薄，观念较陈旧，导致了财务工作面临的压力和矛盾增加，财务管理职能难于发挥的局面。

（4）不重视财务分析。许多高校财务对资金的结构、状态、支出结构、效益缺乏分析，以至于无法科学考核学校整体和各部门资金的使用效率。

3. 提高教师认识

全体教职工对本校建设、改革和发展中财务所做的贡献和财务出现的问题，要有冷静、客观的评价。

如今，面对日益严峻的财务状况，有的高校的教职工由于受传统影响和“养尊处优”意识的影响，不能立刻适应，普遍存在着情绪，以至于对学校财务包括财务部门及人员存在不冷静、不客观的评价。一方面，面对日益严峻的财务状况，高校财务部门为学校的建设、改革和发展做出了积极贡献，发挥了巨大的调控和财力保证的作用；另一方面，作为一个综合职能部门，财务机构对于目前的财务困境也是有责任的。高校财务部门还存在着职能作用发挥不够、参与决策主动性不强、内部会计控制制度建设欠深入等方面的不足，尤其是在更新观念、参与资金运作发挥财务部门的职能作用方面要做的工作还很多。

4. 提高社会公众认识

高等教育系统乃至全社会对高校的调整、扩招以及高等教育改革与发展所取得的成果要达成共识。

经过扩招，我国高等教育终于改变了它诞生百年以来的精英教育性质，进入国际公认的大众化阶段，它不仅每年为数以百万计的青年学子提供了可能改变他们一生命运的圆梦机会，而且对我国从根本上促进社会公平，变人口大国为人力资源强国，增强总体竞争力，保证我国经济稳定、健康和持续的发展，实现建成小康社会、和谐社会和创新型社会的宏伟目标，具有重大战略意义。“十五”以来，高校发展速度之快，办学规模之大，改革举措之多，教育惠民之广，已为社会瞩目和认可，高等教育改革与发展所取得的成果有目共睹。

第六章　高校财务管理的新问题和新发展

财务管理工作具有很强的专业性及综合性，是高校管理工作的重中之重。随着高校规模的不断扩张，财务管理工作承担着筹集资金、保障经费的重要责任。完善及提升高校的财务工作，有助于帮助高校维护财政秩序及合法权益，优化办学资源配置及提高办学绩效。但是在当前的市场经济条件下，公共财政体系及现代大学制度逐步得到完善及建立，而高校财务管理工作仍然沿用传统思路及规章制度，已经落后于当前的高校发展形势。面对新形势下高校财务管理工作所面对的新问题，政府及高校应及时调整思路及政策，不断改革与创新高校财务管理工作，使其取得新的进展。

第一节　高校财务的供给改革

《国家中长期教育改革和发展规划纲要（2010—2020）》指出，我国教育还不完全适应国家经济社会发展和人民群众接受良好教育的要求。受制于当前我国高校教育的质量的欠缺，一部分中等收入家庭倾向于送子女出国接受教育，这说明我国高校教育水平与受教育者的教育需求之间存在一定的差距，因此有必要对高等教育开展供给侧改革，以提升高校整体教育水平，满足人民群众受教育需求。

一、供给侧改革概述

2016 年 1 月 29 日，习近平在中共中央政治局第三十次集体学习时指出：“推进结构性改革特别是供给侧结构性改革，是‘十三五’的一个发展战略重点。”

（一）需求与供给

1. 国内有效供给满足不了有效需求，致使到国外消费

中国人喜欢到国外去消费：在物质层面，去日本买马桶盖、去韩国买美妆、去澳大利亚买婴儿奶粉、去意大利买包、去荷兰买剃须刀等；在非物质层面，到国外去接受教育、医疗、旅游等服务。这些东西中国不是没有，就是没有高端的，没有国外供给的质量高、环保干净和服务好。

2. 供给与需求的概念

经济学基本问题就是从供给与需求两个侧面分析问题。供不应求或者供过于求是经济生活中的常态，是绝对的：供求均衡只是动态的，是相对的。供给与需求是矛盾的两个方面，是对立又统一的，是辩证的关系。

对需求和供给的分析是现代经济学一般理论分析的逻辑起点。一般定义为，需求指的是消费者在一定时期内，在各种可能的价格下愿意而且能够购买的该商品的数量。而需要指的是消费者想得到某种商品的愿望。需求不是自然和主观的愿望，有效的需求应该满足两个条件：消费者有购买的欲望和有购买的能力。供给指的是生产者在一定时期内，在各种可能的价格下愿意而且能够提供出售的该商品的数量。这种供给是指有效供给，其必须满足两个条件：生产者有出售的愿望和有供应的能力。

（二）中央对“供给侧结构性改革”的提出

2015年11月10日，习近平在中央财经领导小组会议上首次正式提出“供给侧结构性改革”。

11月18日，习近平在APEC会议上再提“供给侧改革”，指出：“要解决世界经济深层次问题，单纯靠货币刺激政策是不够的，必须下决心在推进经济结构性改革方向做更大努力，使供给体系更适应需求结构的变化。”

12月22日，中央经济工作会议指出：“稳定经济增长，要更加注重供给侧结构性改革。”

《中央经济工作会议（2016）》指出：“党的十八大以来，形成以新发展理念为指导、以供给侧结构性改革为主线的政策体系，引导经济朝着更高质量、更有效率、更加公平、更可持续的方向发展，提出引领我国经济持续健康发展的一套政策框架。”

为何重视供给侧改革？中央财经领导小组办公室副主任杨伟民在财经年会上表示，作为中央“十三五”规划建议的灵魂，本质上体现的就是供给侧的结构性改革问题。

（三）供给侧改革的内涵

1. 为什么要提出供给侧改革

中新网记者报道：“中共中央总书记习近平在中央财经领导小组会议上提到，加强供给侧结构性改革，增强经济增长动力。”对此，美国《侨报》刊文表示，中国提出“供给侧改革”正是对症下药之举。文章称，所谓“供给侧改革”就是从供给、生产端入手，通过解放生产力，提升竞争力促进经济发展。这种改革具体而言，它要求清理僵尸企业，淘汰落后产能，将发展方向锁定在新兴领域、创新领域，创造新的经济增长点。举简单的例子，中国人对手机需求量很大，但美国苹果手机在中国却甚是走俏。中国早有生产电饭煲、马桶等生活用品的能力，但中国人却不吝重金购买日本品牌。这背后折射出中国长期对“供给侧”的疏忽，造就了今日难以满足市场需求的尴尬。哪些领域、哪些产业、哪些产品在“供给侧”需要加大投人和生产，正是中国经济结构转型升级的需要。全球不缺消费者，缺的是具有竞争力的产品。”

简单地说，原来我们从需求侧来拉动经济增长，是从需求方面出发的。但现在一般的供给满足不了人们的需求，需要从供给方面改革来提供更高质量又无污染的产品去满足人们的需求。

2. 供给侧结构性改革的根本目的

2016 年 5 月 16 日，习近平在中央财经领导小组第三次会议上指出：“供给侧结构性改革的根本目的是提高供给质量满足需要，使供给能力更好满足人民日益增长的物质文化需要；主攻方向是减少无效供给，扩大有效供给，提高供给结构对需求结构的适应性。”

《中央经济工作会议（2016）》指出：“供给侧结构性改革，最终目的是满足需求，主攻方向是提高供给质量，根本途径是深化改革。最终目的是满足需求，就是要深入研究市场变化，理解现实需求和潜在需求，在解放和发展社会生产力中更好地满足人民日益增长的物质文化需要。主攻方向是提高供给质量，就是要减少无效供给，扩大有效供给，着力提升整个供给体系质量，提高供给结构对需求结构的适应性。根本途径是深化改革，就是要完善市场在资源配置中起决定性作用的体制机制，深化行政管理体制改革，打破垄断，健全要素市场，使价格机制真正引导资源配置。”

3. 供给侧结构性改革的本质

2016年5月20日，习近平在中央全面深化改革领导小组第二十四次会议上指出：“供给侧结构性改革本质是一场改革，要用改革的办法推进结构调整，为提高供给质量激发内生动力、营造外部环境。各地区各部门要把依靠全面深化改革推进供给侧结构性改革摆上重要位置，坚定改革信心，突出问题导向，加强分类指导，注重精准施策，提高改革效应，放大制度优势。”

供给侧改革和需求侧改革相互依存，共同发力。只不过供给侧改革是对多年来需求侧管理累积问题进行的综合矫正。两者都是让生产要素的潜能充分释放，使供给侧与需求侧更高发展阶段达到均衡。

4. 中国特色的供给侧改革理论的基本点

（1）中国特色的供给侧改革理论应以马克思主义的唯物辩证法和经济理论为指导，吸收西方经济理论的合理内核，总结世界经济中“供给”与“需求”的经验与教训，总结新中国近70年来在“供给”与“需求”的经验与教训，联系中国有特色的社会主义市场经济的实践，坚持实践基础上的理论创新、制度创新、科技创新、文化创新以及其他方面的创新，鼓励为探索中国特色的供给侧改革理论的争论，不断完善中国特色的供给侧改革理论。

（2）供给与需求是经济学最基本的概念。供不应求或者供过于求是经济生活中的常态，是绝对的；供求均衡只是动态的，是相对的。供给与需求是矛盾的两个方面，是对立又统一的，是辩证的关系。供给侧改革重点是“供不符求”，减少无效和低端供给，扩大有效和中高端供给，增强供给结构对需求变化的适应性和灵活性，提高全要素生产率。

（3）供给侧结构性改革的根本目的是提高供给质量满足需要，使供给能力更好地满足人民日益增长的物质文化需要；主攻方向是减少无效供给，扩大有效供给，提高供给结构对需求结构的适应性。

（4）供给侧结构性改革本质是一场改革。供给侧要解决长期可持续发展问题，最需要的是一整套新的制度和政策供给，以改革创新精神补齐制度短板，放大制度优势。

（5）供给侧改革决不排斥需求。它包括：①供给侧改革需要“适度扩大总需求”“需求引领”“释放新需求”；②供给侧改革要求供给侧和需求侧两端协同发力，达到供给与需求的有效平衡；③供给侧和需求侧都需要改革、

需要创造消费需求。

（6）在供给侧改革实践中，中国幅员辽阔，经济发展不平衡。应该从不同时期、不同地区、不同产业结构的实际出发，决定供给侧改革是主要矛盾还是需求侧改革是主要矛盾，并在动态中注意主要矛盾的转化。在精准进行供给侧改革实践中不断完善中国特色的供给侧改革理论和供给政策。

（7）需要看不见的手与看得见的手合力配合。经济体制改革是全面深化改革的重点，核心问题是处理好政府与市场的关系，使市场在资源配置中起决定性作用和更好地发挥政府作用。政府的职责和作用主要是保持宏观经济稳定，加强和优化公共服务，保障公平竞争，加强市场监管，维护市场秩序，推动可持续发展，促进共同富裕，弥补市场失灵。

二、高等教育供给侧改革的主要任务

2015 年中央经济工作会议指出："结构性改革主要是抓好去产能、去库存、去杠杆、降成本、补短板五大任务。"高等教育领域虽然也有经济活动，也会存在类似整个国民经济中"三去一降一补"现象，但高等教育毕竟不同于经济部门，笔者提出高等教育领域中的"三去两降一补"，即去行政化、去编制、去产能、降失业率、降成本、补短板。

（一）去行政化

1. 去行政化的内涵

2013 年 11 月 15 日，十八届三中全会通过的《中共中央关于全面深化改革若干重大问题的决定》第 15 条指出："加快事业单位分类改革，加大政府购买公共服务力度，推动公办事业单位与主管部门理顺关系和去行政化，创造条件，逐步取消学校、科研院所、医院等单位的行政级别。建立事业单位法人治理结构。"

从上面规定我们可以看出：①"去行政化"指的是单位，如上述的"学校、科研院所、医院等单位"，而有些学者却提出"教育去行政化"。②"去行政化"的前提是"事业单位分类改革"。大学都感到去行政化难，一个重要的原因是必须进行事业单位分类改革，这就涉及下一个问题——去编制。

诚然，"去行政化"的内容之一是"逐步取消学校、科研院所、医院等单位的行政级别"，但这是一个比较容易做到的次要问题。

高校行政化主要表现为两个方面：一是政府对学校的行政化管理，二是学校内部的行政化管理。在20世纪90年代，党和政府就规定了“在政府与学校的关系上，要按照政事分开的原则，通过立法，明确高校的权利和义务，使高校真正成为面向社会自主办学的法人实体”“政府要切实转变职能，改善对学校的宏观管理”“坚决实行简政放权”“由直接行政管理转变为运用规划、法律、经济、评估、信息服务以及必要的行政手段实行宏观管理”。

2010年以来，党和政府明确提出“去行政化”，并加大了简政放权的步伐，减少了很多对高校的行政审批权，推动了《高等学校章程》建设等。但还有诸如“去行政级别”“去直接拨款”等工作。

处理好政府与高校的关系，进一步明确政府与高校的职能定位，要通过立法来明确政府管理高校的权力边界，各司其职。就政府而言，规范政府的行政权力，对学校进行有效指导、协调、监管和服务；就高校而言，要克服《法门寺》里的贾桂只会站不敢坐的习惯，放手按《高等学校章程》履责，落实高校的办学自主权。

高校应是培育人才、探索真理、崇尚学术自由、创新知识的园地。高校内部的行政化表现在：学校管理不是遵循教育规律、科研规律办学；学校官员垄断资源分配权，用长官意志决定申报科研项目、申报教学、科研奖，评定职称等。高校行政化的结果是英雄无用武之地。

高校去行政化需要完善大学治理结构，厘清行政权力和学术权力的边界。高校去行政化不是不要行政管理，而且高校行政化不仅无益于行政管理，而且严重损害了科学高效的行政管理。高校行政管理主要是通过服务为教学、科研培养一个创新的环境。

2. 去行政化与供给侧改革的关系

《中国教育改革和发展纲要（1993）》[中发（1993）3号]第18条指出：“学校要善于行使自己的权力，承担应负的责任，建立起主动适应经济建设和社会发展需要的自我发展、自我约束的运行机制。”《中华人民共和国高等教育法》明确规定了高校拥有7项办学自主权，《高等学校章程》也规定了办学自主权。

行政化管理严重影响了高校适应高等教育、适应市场需求的能力，行政化管理也严重影响了高校发展的积极性，成为高等教育创新的桎梏。就政府与高校关系而言，政府行政化管理严重影响了高校办学自主权的落实；就高

校而言，高校行政化管理严重影响了教学、科研的积极性。去行政化是去掉政府与高校无效和低端行政供给的一场改革。其目的是引领高校的有效需求，尽可能地释放教学和科研的潜能，增强高校对市场需求变化的适应性和灵活性，不断提高高等教育质量，促进科研创新，更好地满足人民对日益增长的高等教育需要。

（二）去编制

前已述及，“去行政化”的前提是“事业单位分类改革”。去行政化必须进行事业单位分类改革，这就涉及去编制。因此，高校退出编制是去行政化的第一步，同时，用“去编制”倒逼事业单位改革。

综述上面文件规定，高校“去编制”的基本内容如下：

（1）保留高校的事业单位身份，属于“公益二类事业单位”。

（2）逐步实行机构编制备案制。备案制指高校根据事业发展需要可自主聘任人员，不需上级主管机关审批，只需报送备案的制度。这就减少了行政审批义保证高校用人自主权，逐步形成了审批制与备案制相结合的管理方式。

（3）“老人老办法、新人新办法”的原则。以2012年底编制为基数，对现有编内人员实行实名统计，随自然减员逐步收回编制；对新进人员实行聘用制度。逐步取消事业单位编制管理，转为全员合同聘任制。事业单位不属于行政序列，破除了“国家干部”的铁饭碗。

（4）高校可以设“流动岗位”。2015年3月13日，中共中央和国务院发布的《关于深化体制机制改革加快实施创新驱动发展战略的若干意见》第22条指出：“允许高等学校和科研院所设立一定比例流动岗位，吸引有创新实践经验的企业家和企业科技人才兼职。试点将企业任职经历作为高等学校新聘工程类教师的必要条件。”

（5）用预算管理代替编制管理。财政部财政科学研究所教科文研究中心副研究员张绘的研究表明：“财政部门主要负责管理财政资金总量，给出相应的预算编制标准，用预算管理制度来代替编制管理制度，具体的资金使用如何更好地推动高等教育事业发展完全由用人单位自主决定。……此外，预算管理的改革也将改变长期以来的指挥棒，比如，改革现有的高等教育财政资金拨款模式，建立以绩效为导向的拨款制度；改变过去以发论文为主要绩效考核指标，取而代之更多的是满足社会服务的需求，科技成果转化应该成为将来绩效考核指标的重要因素。”这样，财政管好总量和支出结构，给予学校更多的预算自主权。

（三）去产能

高等教育产能过剩需要供给侧改革。目前，一方面，由于我国优质高等教育资源不足，主动出国留学和被一些国家和港台的大学来招的优秀学生留学的势头仍不减，加剧了高校生源减少；另一方面，企业某些产能过剩可以通过出口等消化，而我国目前由于高等教育质量不高而停留在劳务输出。因此，必须进行高等教育供给侧改革。

积极应对高校生源不足的影响，进行高校的供给侧改革。一是提高高等教育质量，二是适应学生个性化多元化的选择。高等教育的个人需求是“用脚投票”，如果高校质量不高，没有特色，我国本来逐渐减少的生源还会外流，导致高等教育的产能过剩。此外，中央已决定在 2020 年左右毛入学率达到 50 %，实现高等教育普及化。

高校的教学改革是高校供给侧改革的重要内容。高校应该根据《高校章程》赋予的自主权，瞄准用人单位与人才市场需求和受教育者的个人需求，在培养方式、专业设置、课程内容、教学方法等进行深入改革，提高高等教育质量，提供高等教育的有效供给、精准供给和创新供给，摒弃粗放型、同质化、简单化的低端供给和无效供给，努力解决结构性产能过剩的问题，真正实现“办人民满意教育”的目标。提高教育质量，不仅提升就业率，而且提升入学率。

（四）降失业率

学生就业率低的原因是多方面的，既有多年积压的经济问题导致经济结构改革与经济减速，造成就业岗位不足的问题，也有多年积压的教育问题导致教育结构不合理，造成高校低端供给和无效供给的问题，又有学生不切实际的择业观等问题。因此，“降失业率”必须多方共同发力。政府应通过用人单位尽量提供较多的就业岗位，高校应通过供给侧改革努力提供人才市场需要的人才，学生应端正择业观从基层做起，先就业后创业。

党和政府十分重视大学生的就业，国务院提出“就业质量”的要求。2014 年 5 月 9 日，《国务院办公厅关于做好 2014 年全围普通高等学校毕业生就业创业工作的通知》（国办发〈2014122〉号）规定：“各高校自 2014 年起要发布高校毕业生就业质量年度报告。”我们呼吁精准就业，提高就业

质量。

（五）降成本

不少高校对教育进行粗放型管理，不注重德育和体育，热衷于大楼却缺乏大师，缺乏主动适应经济建设和社会发展需要的教学内容，不区分学术型与应用型培养对象的质的差别，满足于不变的必修课却缺乏有特色的选修课，满足于不变的书本知识还不注重实验、实习等实践性教学，相当多的硕士生和本科生学位论文缺乏创新等。

从高等教育“精英化”到“大众化”都要注重高等教育质量。强调提升教育质量，说明了教育质量有提升的空间。特别是扩招后上的新专业，师资、专业课程等都是新凑的，以其昏昏使人昭昭的误人子弟是不可避免的，之后新教师们忙于论文、读博、职称、科研而教学精力投入不足也是常见的，而忙于行政和挣钱也是屡见不鲜的；当然学生不努力也是问题，如记者杨晓明报道，高校替人上课明码标价，学生称课程无聊浪费时间。替课可谓明码标价：普通课20元，如果有实验课、体育课，价格可能比普通文化课要高一些。因为，体育课的难度大，实验课的时间长。如果是赶上体育课跑800米，替课的费用可能要80~100元。有人一天能赚100元左右。高校要供给优质教育资源，必须在提高高等教育质量上狠下功夫。提高高等教育质量就是减少低端和无效的教育产能。低端和无效的教育产能不仅浪费了当年教育投入（财政拨款和学费等）的教育资源，而且浪费了高校教职职工的人力资源和校舍、设备等物力资源，还损坏了学校名声等无形资产，因此，提高高等教育质量就是宏观上降低学校的培养成本。

（六）补短板

高等教育结构改革需要补短板。美国管理学家彼得提出的木桶原理告诉我们，木桶盛水量多少的关键因素不是其最长的板块，而是其最短的板块，高校供给侧改革就是通过补短板来发挥整体效率。

由于各校在高等教育结构中存在短板情况各异，因此要从整个高等教育来分析高等教育结构中的短板。在高等教育的数量与质量之间，高等教育质量是短板；在公办高校与民办高校之间，民办高校是短板；在培养学术型（理论型）人才中“钱学森之问”中的“杰出人才”是短板；在培养应用型人才中李克强指的“工匠”是短板等。

一方面是相当一批专业人才因非国民经济和社会发展的需要而待业，另一方面却有一批专业人才因国民经济和社会发展的急需而短缺。这反映了我国高等教育的产能是结构性过剩，学校必须主动适应经济建设和社会发展，根据社会主义市场经济和民生的需要设置专业、必须按照供给侧要求进行结构性改革，办人民满意的教育。

习近平总书记指出："减少无效和低端供给，扩大有效和中高端供给，增强供给结构对需求变化的适应性和灵活性，提高全要素生产率。"目前，我国高等教育已不能满足广大人民群众对优质教育资源的需求，不少政界、学界、商界中的中等收入家庭选择送孩子到国外留学，表明对我国的高等教育供给缺乏自信。供给侧改革要求高校必须主动适应经济建设和社会发展的需要，精准研究经济社会发展和就业市场的需要，主动调整专业设置和招生规模，努力提高就业率和就业质量，提供高质量的高等教育，努力办好人民满意的高等教育。因此，供给侧改革要求高等教育结构性改革，这才能促进高等教育的发展，这是高等教育"十三五"乃至更长时期的改革任务。

第二节　高校财务管理信息化建设

随着信息技术的广泛应用与普及，高校的财务管理也在发生着变化与创新。一方面要将现代信息技术应用于高校的财务工作，另一方面要转变财务管理工作人员的思维模式，以提高财务管理工作人职工作的效能，从而在一定程度上缓解当前的财政困境。

一、高校财务信息系统的总体情况

（1）信息技术概念。进入21世纪，信息技术迅速发展，并在一定程度上促进了社会和经济的发展。高校财务信息工作要以信息集成、资源共享、平台共用的现代信息化观念实现高校的财务信息流程再造，以此来实现高校财务工作的科学性、预测性及决策参考性。高校财务管理部门应充分、正确地了解信息化对学校内外环境的影响，从而提高财务管理工作人员的工作效率。

（2）网络意识。近年来，随着互联网技术的不断创新和发展，高校财务管理工作得到了有效的实施，从而产生了网上财务，实现了财务和业务的一体化，从而在某种程度上达到了节约资金的目标。因此，高校财务管理必须与时俱进，不断更新财务管理观念，提高财务信息的科学性，强化信息沟通，促进各部门间的信息共享，为学校提供全方位的战略信息和财务报表。

现代高校的一个突出特点是信息化、网络化，一体化、标准化、流程化是未来财务管理的必然趋势。随着高校规模的扩大和分层的管理，财务数据的收集和挖掘必须与信息化技术相结合，从而达到财务管理的科学化、标准化、精细化，为高校的经营决策搭建信息沟通平台。

（一）现行财政运行方式中的问题

当前，实现高校财政工作的创新和变革，关键在于实现信息技术的创新和发展。因此，要不断地进行财务信息收集、整理、加工、传递、存储和检索等方面的技术和方法的改革和创新，并在计算机、网络、通信等方面继续推进。当前，我国高校的财务管理系统大多侧重于软件的开发，而忽略了对软件的维护和修改，没有重视软件的更新，这就给高校的财务管理工作带来了很大的影响。另外，目前我国高校的财务管理存在着诸多问题，如网络化程度不高，这就使得高校财务管理工作在技术上的创新无法推进，从而不能保证财务工作的顺利、有效地进行。

1. 财务管理中的信息传达迟缓

传统的高校财务管理工作是以静态的方式进行，管理者在进行工作时，往往要参照上一个会计年度的有关信息和数据。由于高校管理者未能及时了解学校内的财务业务和活动，导致其录用和完善存在着一定的滞后现象，导致了高校内部各部门的财务状况难以实时查询与判断，而高校领导做出相关决策需要一定的财务信息作为参考，传统的高校财务管理状况无法提供准确数据，导致目前高校资金运行缓慢。另外，由于财务管理滞后，下属二级学院不能及时、平稳地进行校务管理，这对高校的管理、预算、执行、分析以及宏观调控都产生了一定的影响。

2. 财务报告的数据不真实

在传统的高校财政运行方式中，算盘、纸张和计算器是最常用的算术手段，会计工作人员要靠人工来实现。由于受时间、空间等因素的制约，高校进行工程招投标工作的常规财政运作模式难以对项目进行准确、快速的审计。

另外，由于会计人员技术和能力的不同，在进行财务工作时，会出现财务工作的不规范、财务核算不合理、资金运用中出现问题、报表与现行有关规定不符、年终决算存在一些差错、财务信息有失准确等问题。

3. 缺乏全面的会计资料

在传统的财务运营模式下，高校的会计活动管理流程体系建设还不够健全，难以适应高校的经营需求。首先，目前我国高校的收费制度还不完善。由于高校每年招生人数众多，所以其收费项目也比较多，费用也比较高。这些高校为了筹措经费，增加了学费，让学生多交了一些不必要的学费。这种乱收费的现象在社会上引起了很大的反应，对一些高校的形象产生了很大的冲击。其次，我国高校票据的管理还不够健全。高校的财务工作人员在办理票据时，往往会发现票据的申购、入库、出库、收款等环节之间存在着一定的时滞，从而导致票据金额的不一致。再次，学生的欠费查询系统和学生个人信用体系的建设还不健全。由于学校未能准确、及时地掌握学生的欠费状况，以及他们在毕业后的工作安排，因而不能追回拖欠的学费。此外，拖欠学费的学生数量每年都在增加，拖欠的学生总数也在不断增加，这对学校的财政运作也产生了一定的影响。

4. 财务监管不规范

在传统的行政管理模式下，高校的财务监管基本上都是事后监管，主要靠人工核对记账凭证、核对账簿、账目等，而实物检查则是组织有关人员进行财产清查，列出盘盈、盘亏数，对已有的财务运行成果，一般不是严重违反财经纪律，只能做勉强性处理，很难追根溯源。

（二）信息化对高校财政管理的重要作用

1. 提高高校的经营效率

经济和教育有着紧密的关系。首先，教育发展受经济因素的影响；其次，教育促进了经济的持续发展，也促进了社会的发展。微观经济是高校发展的先决条件，而宏观经济的微观管理水平直接影响着整个高校的发展。财务资源是微观经济的一个重要组成部分，它的经营水平对高校的办学质量有很大的影响。从高校的声誉、学术资源、学术成果、学生情况、教师资源、物质资源等方面，综合评价了高校的管理绩效。上述各项指标均须由财务部门提供有关财务方面的资料，例如增加博士点、硕士点、加强和完善国家重点学科、国家重点实验室、提高师资队伍素质等。当前，提高高校财政管理效率的一

个重要方面，就是要在提高高校财政的基础上，提高财政资金的投入与产出比率。高校的财务管理与高校的经营管理、技术设备、人才、软件、各种预决策技术等密切相关。只有在高校财务管理中进行技术创新，才能有效地提升高校财务管理体系的效能，强化制度功能，优化体系结构，从而提高高校的综合经营效益。

2. 支持高校的投资需要和资金

与基础教育不同的是，高等教育对设备的要求越来越高，经费也越来越多。要实现教育资源的最优配置，促进财政工作的科学化，就必须在财政上提供一定的经费支持，而对于自身的事业基金、专项基金等，则要将其结转到下一年。

二、高校财务管理的信息化技术和手段的改革

本书从建立财务信息系统、财务信息查询系统、动态报告系统、信息风险控制系统、业绩评估决策系统 5 个方面论述了我国高校财务信息系统的创新。

（一）建立一套完整的金融信息体系

加强对高校财务管理工作的认识。新的财政管理模式是以资金集中管理、内部分级独立核算为基础，实行分级管理，及时掌握和控制整体预算的执行情况，并对其进行全面监控。为了实现对各学院的预算执行过程的全面监控，以及各学院的财政支出都要由财务部来负责，而现代的网络技术和 MIS 则是其中的关键技术支撑。随着互联网的不断普及和发展，我国的信息化建设迅速发展，为我国的财政体制改革和创新创造了有利的条件。为适应新时期的经济发展，高校财务管理部门应运用现代信息技术和手段，构建高校财务工作的技术支持平台，促进高校财务工作的业务流程再造，从而更好地为高校的经营和管理提供有效的支持。随着信息技术的飞速发展，高校的财务管理面临着严峻的挑战，将先进的信息技术引入到高校的财务工作中已经成为必然。

高校财政信息系统的建设。为了提高信息的使用效率，必须进一步整合、加工和分析原始资料。信息的处理通常涉及对信息本身的分类、分级、核对、筛选，以确保信息的品质：对所收集到的资料进行处理、分析、判断、提出

建议、报告等，以便为领导的决策提供依据。其处理方法有：①分类。根据一定的准则，对资料进行归类。比如，信息按数据源的地区划分为校外和校内；依据财务数据的统计范围，将信息划分为整体或部分；按输入资料的频次，将资料划分为每日或突发；按照数据的重要性，将信息进行分类。②等级划分。财务经理在核对、确定财务信息涉及的部门、重要性和有效性后，将信息及时地传递给相应的部门和管理者，以确保信息的合理性、准确性和及时性。③对筛选进行检查。财务主管必须对原始资料进行审核，筛选出不准确、不完整的信息，并加以修正、补充、完善，确保最终的财务信息准确、完整。④资料的整理。数据仅仅是“还没有对具体目标进行评估”，财务工作必须对这些数据进行更深入的整合和处理，以使其最终能够为实际工作提供有益的信息。⑤最初的数据通常很复杂，而且数量很多，所以财务人员必须根据数据的用途来进行分析。依据它们之间的相互关系，做出合理的判断，并给出合理的建议。

组成一个完整的财务信息系统模组。在财务信息系统中，会计核算系统是一个关键环节。随着我国财政体制改革的深入，高校经费管理的水平有待进一步提高。在高校的内部财务管理中，各级各部门的专项资金、横向和纵向科研经费、课程建设、教材建设、学科建设等经费都是独立立项管理的，因此项目核算的准确性直接影响项目经费信息的准确性。在信息技术不断发展和创新的今天，高校在运用信息化技术进行财务管理时，必须对资金的管理、财务工作人职工作进行持续的改进，以确保财务报表的准确性和可操作性。另外，在财务管理中，资产管理和工资管理也不能松懈，财务人员可以在有关的财务信息平台上公布教师和学生关心的相关财务信息，以使得财务信息相关人员更加方便与准确地了解财务信息。

全面建设信息化财务管理平台，具有前瞻性。目前，我国高校在实施会计网络化工作中遇到的一些问题，如财务软件的运行出现了卡顿、不能与各种软件兼容、不能抵御病毒入侵等问题。这些问题使得高校财务人员在使用软件的过程中引发了许多实际问题。因此，全面构建具有前瞻性的财务信息化管理平台，将有助于我国财务信息系统的建设。①实行集中式财政制度。为了实现财务信息的及时性，能够在财务报表中动态地反映出一个特定的经济活动，并能实现会计人员在线处理收支等。②协调财务和行政事务。高校财务工作要实现物流、资金、信息流、票据流的一体化，实现各有关部门间

的财务信息的顺畅流转和共享，实现了财务与业务的协调，实现了财务与业务的一体化。③建立会计信息的沟通平台。在开发安全可靠、实用的会计网上会计系统的基础上，建立会计网上的财务网站，实现与世界各国的会计信息交换，获得具有国际可比的会计信息，促进会计信息的自由流通，为各国会计标准的协调发展创造了一个良好的交流平台。

利用现代电子信息技术，实现高校财政综合管理。通过这种方式，可以将高校各个层面的各个业务系统进行有效的连接，从而提高各个层次的财务信息传递的速度，进而实现不同行业间的信息交流。为此，应从以下方面着手：全面实行资金动态监测：对财务数据进行实时的收集；建设“一站式”高校的报账系统，实现高校的财务和业务的整合；教育经费、财务会计报告的实时生成，实现对教育经费、财务会计的自动汇总分析，为上级机关的行政决策提供参考；支持远程报账，远程查询，利用信息平台的优势，对学校人员的收入、支出、资产、负债、工资项目、银行账户等进行网上管理；支持财政拨款接收，网上银行支付，银行自动对账，银行代发工资，政府采购，非税收入的征收。

（二）建立财政信息的查询体系

财务信息的开放平台是一个网上的软件，它应该包含足够的资金和资源，以确保用户可以在里面找到自己需要的资金和资料，所以，财务人员必须确保财务信息的连接，以确保数据的流畅和自由。高校财政信息查询系统包含了工资库、部门预算库、密码库、学生收费管理库、住房公积金库等各个方面。该系统分为多个模块，每一个模块都有一个二级模块，在二级模块中有一个三级模块，在二级模块中选择一个编号，就可以进入到第三级模块中进行查询。由于该系统是分层的，因此可以按照不同的功能层次给用户分配权限，从而达到了分层管理的目的。

（三）建立一个动态的汇报制度

建立高校财务管理的动态财务信息体系，有利于实现高校财务工作的科学、准确。随着经济活动的开展，各种财政财务工作也随之进行。在这一过程中，高校内部将会不断地涌现出新的财务资料，但这些资料只能作为基本的会计资料查询使用。高校领导在制定相关政策时，必须要考虑到财务人员的综合、计算，才能得出相应的财务指标，决策者们必须将这一时期的财务数据与以往的财务指标进行比较，以此来衡量目前的财政状况，从而制定出一个合理的资金运用战略。因此，为了给决策者提供及时、动态的财务参考资料，必须建立一个动态的财务信息体系。为了更好地服务于高校的教学和科研，我们必须不断地使用先进的会计软件来对原始的财务数据进行深入和集成，以便为有关的人员提供更为详细、全面的会计资料。在实际操作中，可以通过预算管理模块，根据财务指标的设置，及时提供预算执行情况，提供预算超支的预警，并定期编制二级学院的财务报告，使其在财务管理上真正意义上的二级办学。

以信息披露为基础，实现民主管理与分享。从门户网站到网上集成的软件平台，利用电子信息技术将金融信息以更为便捷、透明的方式呈现给有关人士。与传统的财务信息披露方式相比，提高了财务信息的透明度，可以从某种意义上促进高校内部的民主管理，使高校内部各部门、群体之间的财务信息得以共享。在高校财务管理信息化的今天，推进财务公开审批的进程将成为今后的一个重要课题，在审核的过程中，要确保财务信息的科学性、准确性、有效性和真实性，并对涉及的财务信息进行保密。同时，在财务信息披露平台上，要把关键要素、审批程序、审批过程等信息记录在案，以便对公众进行民主管理和评价。建立健全了公开的、社会化的财务信息系统，以提升高校的信息化管理水平，提高高校的财务工作效率。

（四）建立健全信息风险管理体系

电子政务对我国的会计工作影响很大，但也存在着一定的困难，要在今后的工作中逐步推进。①建立健全高校财政信息系统；其具体内容包括：明确会计岗位责任制，合理安排会计人员和有关工作岗位，以实现各个岗位的相互监督和制约。一是在网络环境下，建立会计信息系统的工作责任制，将职能分开，并对用户的权限进行分级授权。二是对运行程序进行控制，设置运行时应注意的事项，确保计算机运行平稳、安全，防止因操作错误而导致计算错误。三是要建立防御计算机病毒入侵的防范措施，以避免校园金融数据遭到恶意攻击和篡改。②健全高校的网络金融体系。在线会计信息保护包括静态和动态两个方面。一方面，它可以利用安全的数据通信协议、安全加密算法、一次一密、安全锁定等方法来实现对计算机病毒、网络漏洞监测和攻击的防范；另一方面是要通过建立安全的财务软件信息平台来保证会计信息和资金的安全。

（五）建立业绩评估和决策体系

业绩评价是以一种形式化的、系统化的指标体系来衡量、评价和影响与工作有关的行为和结果，从而对未来的发展进行预测，进而为高校的领导做出相应的决策提供参考。在高校财务工作全面引进电子信息技术后，可以提供更加全面、共享、准确的财务信息，并运用各种不同的管理模式和决策方法，对高校财务的预测精度有很大的帮助，既可以准确地了解学校的财务核算情况，又可以为高校领导的决策提供更加准确与实时的财务核算信息，还可以满足高校领导的监管需求，以及社会公众对高校的监督与认识需求。目前，各大院校的发展步伐都在加快，高校间的竞争也越来越激烈。为了达到这一目的，必须建立健全的、科学的财务业绩评估制度，为高校提供全面、准确的财务会计信息，并运用最新的电子信息技术，使财务系统能够顺利、有效地运行。

运用现代决策制度、决策原则和方法，提高高校财务决策的精确度。在实际工作中，要克服由于信息传递渠道单一、信息传递速度慢、信息准确性不高等原因造成的决策偏差，必须运用现代决策制度、决策原则和方法，严格按照科学的决策流程进行决策，从而有效地克服传统决策的弊端。①建立健全、运行良好的信息化管理体系。利用多个数据库和控制系统对信息进行处理、整理，简化了决策的工具和操作，为决策提供了全面、准确、及时的信息，从而提高了决策的效率和效果。②建立财务和经济专家信息管理体系；以财务、经济专家的完备的专业知识系统为高校的决策提供科学合理的选择，为高校的决策提供强大的智力支撑。③建立科学、规范的监督和反馈机制。利用其便捷、四通八达的信息反馈机制，对高校的决策实施进行监控，确保政策的实施按照既定的方向进行，从而达到决策的目的。

参 考 文 献

[1] 张远康．新时期高校财务管理问题研究[M]．天津：天津科学技术出版社，2019.
[2] 刘芬芳，梁婷．新时期高校财务管理问题研究[M]．太原：山西经济出版社，2019.
[3] 王琛．新时期高校财务管理问题研究[M]．长春：吉林大学出版社，2017.
[4] 李长山．现阶段我国高校财务管理的若干问题研究[M]．北京：北京理工大学出版社，2017.
[5] 黄永林．新中国教育财务六十年[M]．武汉：华中师范大学出版社，2010.
[6] 饶慧云．高校会计风险管理与控制策略[M]．南昌：江西科学技术出版社，2019.
[7] 黄永林，朱秀林．高师财务管理研究：第8辑[M]．苏州：苏州大学出版社，2009.
[8] 张东军．农业高校财务管理研究[M]．北京：中国农业大学出版社，2005.
[9] 国家审计署驻武汉特派办．高校财务管理与审计监督[M]．武汉：华中师范大学出版社，2006.
[10] 李定清，曾林．现代财务与会计探索：第4辑[M]．成都：西南交通大学出版社，2017.
[11] 袁树民．金融会计创新及相关问题研究[M]．上海：上海财经大学出版社，2016.
[12] 李定清，曾林．现代财务与会计探索[M]．成都：西南交通大学出版社，2014.
[13] 谢光绎．高校廉政建设论[M]．成都：电子科技大学出版社，2008.

[14] 乔春华. 新中国高校财务70年[M]. 南京：东南大学出版社，2019.
[15] 王延文. 都市农业高校内涵发展与办学特色的理论和实践研究（上）[M]. 天津：天津科学技术出版社，2018.
[16]王丽萍. 高校工会工作研究[M]. 昆明：云南人民出版社，2011.
[17] 马永霞. 高校筹资多元化研究[M]. 北京：北京理工大学出版社，2013.
[18] 田家泉. 高校后勤改革与管理[M]. 济南：黄河出版社，2003.
[19] 彭磊. 中国改革开放新时期的理论与实践[M]. 成都：电子科技大学出版社，2010.
[20] 北京高校后勤管理研究会管理专业委员会，服务专业委员会. 管理与服务 北京高校后勤服务社会化改革研究[M]. 北京：首都师范大学出版社，2003.
[21] 于海峰，周振林. 我国财政税收与公共管理问题研究[M]. 哈尔滨：黑龙江人民出版社，2006.
[22] 陈磊，尚保建. 高校纪检监察理论与实践[M]. 武汉：武汉理工大学出版社，2001.
[23] 吴世良. 辽宁经济与社会热点问题研究[M]. 沈阳：辽宁人民出版社，1999.
[24] 余晖原. 新常态、新视角论文集[M]. 北京：北京理工大学出版社，2016.